KAMA SUTRA

A

❦

Mallanaga Vatsyayana

Kama Sutra
Mallanaga Vatsyayana

D.R. © 2007 Editorial Lectorum, S.A. de C.V.,
Centeno 79-A, Col. Granjas Esmeralda
C.P. 09810, México, D.F.
Tel.: 55 81 32 02
www.lectorum.com.mx
ventas@lectorum.com.mx

L.D. Books
8313 NW 68 Street
Miami, Florida, 33166
Tel. (305) 406 22 92 / 93
ldbooks@bellsouth.net

Primera edición: abril de 2007
ISBN 10: 970-732-208-X
ISBN 13: 978-970-732-208-0

© Traducción: Martha Baranda
Traducción y características tipográficas aseguradas
conforme a la ley. Prohibida la reproducción parcial
o total sin autorización escrita del editor.

Impreso y encuadernado en México
Printed and bound in Mexico

ÍNDICE

Primera parte

Invocación a Kama

Kama, sabes herir los corazones y los cuerpos, pequeño dios armado con una flor de loto. Loado seas porque esta herida es lo más encantador que la vida nos ofrece.

Kama, antes de todos los demás dioses estás tú, porque sin ti no existiría la vida misma y el cielo se hubiera sumergido en un silencio perpetuo anterior a la muerte.

Kama, el Amor eres tú y las criaturas te pertenecen, como es de su jinete el caballo más fogoso. Todo lo que nace, y que sin ti no hubiera nacido, tú lo dominas.

Kama, la herida de tu flor, que también es una flecha fragante, aguarda la virgen que tiende su incomparable vientre hacia el escudo de Rama para que tú la hieras y fluya su sangre.

El deleite mismo que hace preservar la vida entre las múltiples eternidades en donde todo debe absorberse un día, ella lo conoce. Y su júbilo se hace uno con el fulgor de su principio (kama salila).

Kama, el corazón del joven tú también impregnas cuando ve pasar, como un grácil y jugetón cervatillo, a una joven sin igual. Y semejante a la lanza de Indra es su carne, quema hasta morir.

Pero para aquellas víctimas que tú has herido, la muerte que da el lingam, es una muerte que desean renovar todos los días, es como la posesión del absoluto.

Kama, de Kali, cuyos dientes muerden para matar, eres el vencedor, mientras que tú lo haces por el anhelo de engendrar. Si tú no existes todas las cosas se hunden en la nada.

Mas al macho y a la hembra tú unes, como sobre un lecho púrpura y de oro, en lo profundo de los bosques. Y gracias a ti los sexos se fusionan entre exclamaciones de deleite, suspiros y goce intensos.

Kama, tú incitas a que los senos de las niñas, sólo percibidos en la distancia, o en el baño, o bajo las arboledas, como la flecha tensa el arco, hagan tensar las virilidades.

Kama, tú haces que den apetencia y avidez de amor las armoniosas caderas de las mujeres. En el momento en que viene al pensamiento ardiente de los hombres la sola imagen de ellas, no pueden aguardar demasiado tiempo para lanzarse al placer.

Kama, yo, Vatsyayana, no tengo más aspiración que cantar tu alabanza, pues tu florida flecha me toca. Haces palpitar de deseo todo mi cuerpo, a un loto se asemeja mi sexo y me enorgullezco de él tal como un dios.

Kama, en verdad, el poeta que te elogia en este momento no sabe si le es más agradable afinar poemas hermosos, o reunir el yoni y el lingam en un nuevo y ansioso abrazo.

Sobre el amor universal

Desde los inicios del mundo existe una transmisión de vida, misma que se extiende sobre todos los tiempos gracias a Kama; el hombre y la mujer son su producto.

La razón de ser del hombre, que vive menos de cien años, es redimir sus faltas del pasado y transmitir la vida. Esta transmisión, como un sacrificio forzoso a la moral, Kama no lo exige siempre, porque él ha agregado el placer. Solamente es así cuando el amor que el hombre y la mujer sienten es puro y superior a sí mismos. Lo único que escapa a todas las condiciones que los dioses exigen para alcanzar la perfección, es el acto del amor. Por eso es que yo, Vatsyayana, componiendo este poema sobre Kama, hago una labor de honradez, de justicia y de oración.

Sobre el amor humano

Cuando las almas vienen al mundo, sin duda alguna, están empapadas de néctar amoroso, porque el Amor es su empeño y su aspiración más entrañable. En el hombre todo es Amor. Puede pensar, creer, agitarse, ambicionar riquezas o instruirse en los secretos del mundo, sin embargo el Amor rige y somete todas sus acciones. Son muchos los filósofos que deben su conocimiento sólo a un cambio de las fuerzas amorosas. Si los sabios y las personas importantes sienten la necesidad de permanecer castos por un tiempo, en verdad yo no recomiendo la castidad, para poder continuar con sus difíciles labores, ¿quién no advierte en esto un testimonio de la soberanía de Kama? Por consecuencia el Amor es el hombre mismo. El hombre, desde el principio, nada más tiene el deseo; del mismo modo es un pensamiento de Kama el deseo de alcanzar el Nirvana.

Siempre ha habido locos en el mundo, pues hay quienes no quieren practicar el Amor. Seguramente son espíritus repletos de vicios y faltas. Quien ha resuelto evadir a Kama tiene delirios y ansiedad, siempre está afligido y enfermo. Transforma el irresistible deseo que Kama le da, pese a sí mismo, en extrañas alucinaciones descabelladas y enloquecedoras; se siente acorralado. Este es un hombre que ha decidido no amar. De ese modo cree ver a cada instante, frente a él, el yoni de las mujeres inclinado por el deseo. Y se niega a entender que todos sus ademanes, desde el más insignificante hasta el más importante, están colmados del deseo de palpar un yoni. Mírenlo, frente a todo lo que es cavidad y hendidura se queda inerte, paralizado, estancado. Es un perturbado. Ha negado honrar a Kama. Miren esa mujer, también piensa que es admirable renunciar al trato con el varón. Pero sus manos no anhelan otra cosa que tener un lingam entre ellas, aun a pesar suyo, y por esa razón se apresura a tocar todo aquello que se le parezca. Francamente lo digo, con certeza: creer que es meritorio negar los actos que Kama nos inspira es un engaño, pues no se puede quitar a la carne lo que nos exige tan ávidamente. Es esencial amar y concentrarse en realizar el amor con todas las fuerzas que existen en nosotros.

Sobre el deseo

El fundamento del Amor es el Deseo. Es él quien hace surgir todos los regocijos y todos los deleites. Cultivar el Deseo, pues, es preciso. Si no se está preparado a sujetarse a las dos reglas de la vida que someten a los hombres, no se debe cultivar el Deseo. Estas reglas, ciertamente, también ayudan a mejorar el deseo.

Estas normas son el acatamiento de las órdenes de la Sagrada Escritura (*Dharma*) y su santa veneración.

Posteriormente es el aumento de la riqueza material y moral, la valoración de los bienes terrenales y los objetos de arte, del espíritu y también de todo aquello que tiene de maravilloso el prójimo (*Artha*). Y para disfrutar de Kama, que es el Deseo mismo, se deben tener *Dharma* y *Artha*, sólo así se tiene derecho.

Recordar es desear en uno mismo la felicidad de existir. El deseo tiene su propia forma pues anticipa al placer. Como vibran los instrumentos silenciosos frente al músico, así se desea.

Introduciéndose en todas las circunstancias en que el deseo emerge en el espíritu, es como éste se cultiva.

De ese modo, el mancebo debe huir rápidamente de los sitios que frecuentan las muchachas. Sin otra ayuda que la de su propia pasión siente al otro sexo y su olor. El riesgo de falta es mínimo, en lo que atañe a las jovencitas, ya que es bien sabido que no se dan a los deleites solitarios a menos que un hombre se niegue a auxiliarlas o por alguna otra causa. Además el placer que se dan con esta manipulación es pobre, restringido en calidad y potencia comparado con el que el hombre les origina con su contacto. Pese a esto, gracias a su estudio de las ternuras de Kama, algunos escritores buenos han comprobado que algunas mujeres, familiarizadas desde jóvenes con el onanismo, solicitan inmediatamente, para efectuar el goce con el varón, ciertos toques tiernos y complejos idóneos para llegar, inclusive, a azorar y perturbar el placer masculino. En este caso hay que considerar esto, sin titubear, como una falta.

En resumen, el deseo cultivado y realizado por los manipuleos, aun los que concluyen con emanación de semen, que no imitan la unión sexual son estimables y anuncian una especie de bendición de Kama. No son considerados de este modo los que, por la dedicación a las prácticas solitarias, se han transformado en un vicio y suprimen al sexo opuesto.

Sobre la posesión

Como culminación de las acciones que infunde, Kama prefiere la posesión. Para esto son necesarios ambos sexos. Hay quienes dicen que, en un medio monosexual, existe la posesión cuando los individuos se unen para darse placer entre sí. Esta creencia es errónea. A pesar de los eventos desfavorables que entorpecen una plena satisfacción sexual, frecuentemente el deseo nace en el espíritu y en el cuerpo. Muchas veces las mujeres que se encuentran en un palacio bien cuidado se sienten envueltas por los ardores de Kama. Que sea para ellas, compasivo y piadoso, nuestro pensamiento a pesar de las faltas a las que se entregan. Ellas friccionan entre sí sus yonis, tal como lo hacen el hombre y la mujer, y se hunden en apasionados éxtasis acariciando con la boca el yoni de la otra. Se sirven de lingams falsos y se acarician casi hasta el desmayo, o ejecutan con ellos, como si fuera el lingam de su amante, todo lo que hace una enamorada. Pero todos estos son, en suma, apuros insufribles.

Es importante señalar que este extravío de los instintos, aun cuando el hombre vuelva a la mujer con su lingam dispuesto, puede hacerse irreversible y que la mujer no pueda volver a hallar placer más que en los trucos que ha realizado. Los goces conseguidos con la ausencia del varón, lo que no se puede negar, es que tienen una naturaleza de agitación e ímpetu nervioso, que los entendidos y los maridos juiciosos han comprobado.

En su aspecto sagrado la posesión no sólo es el acto de goce y procreación; es una alusión al dolor al que todos los seres nos hemos dedicado. Como por una espada la mujer es penetrada y el hombre es absorbido como por una fauce que lo engulle vivo. Este acto Dios lo ha querido así, posee tal apariencia debido a que está encauzado a propósitos mucho más elevados que el acto en sí. Sin embargo el mandato sagrado es engañado cuando el goce se obtiene sin la penetración.

Sin embargo, no es forzoso darle una excesiva condición criminal a esta falta, que rebasaría la Ley (*Dharma*). En estos inconvenientes todo es cuestión de prudencia y de consejos, ya que cada uno debe hallar el camino de la salud. Una mujer a la que le gusta sentir sobre su yoni otra boca femenina, hábil y apasionada, no comete más que una falta que se puede reparar. Pero no debe confiar en que el hombre que la amará use esos métodos.

Por otro lado un hombre que se deleita y goza con alguien de su mismo sexo, comete una falta mucho más grande, pues utiliza un orificio que Kama no ha consagrado.

La posesión fue ideada por Dios mismo, por eso debe considerarse como el acto perfecto, de acuerdo con los propósitos, eternos e imperecederos, que inspiran todos sus designios a los humanos. Como un supremo homenaje a la devoción y plegarias vertidas en torno a Kama y Kali, debemos enaltecer la Posesión.

La penetración del yoni por el lingam es el fundamento de la Posesión. La penetración se puede realizar de muchas formas, las cuales serán estudiadas en los sitios de este poema que yo, Vatsyayana, les he consagrado.

Son cinco estados los que componen la Posesión, conocidos como las posturas y los gestos agregados de los amantes:

• Cuando los dos sexos se encuentran y se expanden según el ímpetu del deseo, se llama *Resnivaly*. En este caso el yoni tiende a abrirse y el lingam a llenar la forma del yoni; como se ve, ambos ensanchamientos concuerdan.

• En el momento que el lingam penetra en el yoni, se conoce como *Alavah*. La potencia y la dureza del lingam, hay que aceptarlo, favorecen la penetración. En efecto el yoni es una vaina de carne que, para adecuarse al lingam, debe ser abierta de acuerdo con su volumen total. Sucede habitualmente que hombres agotados, en los que es escaso el deseo, descansen sobre los pliegues internos del yoni su lingam, provocando que no pueda ir más adelante. Kama, que se ha empeñado en que la posesión sea la obra del más impetuoso deseo, ha hecho las cosas con gran sabiduría.

• Donde la mujer, en el fondo del yoni, invita al lingam a llegar, lugar idóneo en donde el niño puede ser concebido, es *Attnaha*. En ese lugar y momento el lingam está en su más alta cúspide de presión y ardor apasionado.

• Si el lingam consigue el placer supremo, se ha alcanzado *Hiranya*; esto se logra por los constantes movimientos de ida y venida que culminan en su tensión y ardor. Cuando esto ocurre el yoni presenta una exaltación afín: es para el lingam como una mano que lo apresa y lo oprime, sobre todo en sus partes externas, así alcanza un ardor interno que lo ayuda a descargarse.

• Cuando la explosión total del placer es logrado por los dos seres se tiene *Viblinaya*. Con la expulsión del semen, que se despide en un número impar de palpitaciones, ese placer se hace evidente en el hombre. El semen se esparce sobre la matriz y si la mujer ha de procrear el resultado es inmediato.

Si sólo se trata de posesión por goce, el néctar del hombre satisface a la mujer por su contacto, calor y humedad. Las partes profundas del yoni, que normalmente están secas, son tocadas. El placer femenino se manifiesta por la expulsión de un líquido similar al semen que, según dicen algunos, no es indispensable para lograr el embarazo. No compartimos esa idea. Es necesario, de cualquier manera, recalcar que los dos líquidos no se encuentran en ese momento.

El desmayo pausado y los sobresaltos nerviosos que resultan de la conclusión del deleite de la mujer, tienen como resultado ampliar el placer del hombre. El placer que siente la mujer es casi siempre una clase de semiinconsciencia que para ella es la perfección de Kama y lo analiza más; en el varón, por el contrario, dura más tiempo y es más profundo que el de su compañera.

El aumento de los vasos que transportan el semen fuera del cuerpo, junto con la sensación de ardor que siente el hombre, es una de las más intensas y extraordinarias cosas que el alma puede sentir, ya que se multiplica por el arrebato de la pasión. La noción del absoluto y de la inmensidad del destino, se abarca en este momento ante el pensamiento divino e inefable. Se puede decir que, durante el placer en unión con el enigma de las cosas, el hombre obtiene el conocimiento más elevado. En ese momento, es parte del mundo exterior de la vida terrenal. Algunos brahmines me han afirmado que la verdadera y sublime comunión con los dioses es el deleite con una mujer amada y apasionada. Kama sabe impregnar la esencia de las cosas, más allá de aquello que los demás han hecho antes y después de él, esto lo consigue por su sabiduría del placer y porque existe fuera de los límites de lo que la percepción de los humanos cree entender.

Del mismo modo algunos dicen que el enviado, que aparecerá antes de que el año brahmánico haya terminado, y que los Escritos anuncian, será reconocido porque dará a las mujeres un placer tres veces más fuerte, en comparación al que los otros hombres les dan comúnmente. Algunas de esas mujeres perecerán inmediatamente después. Cuando la décima de estas mujeres muera por el contacto de su lingam, el enviado será reconocido. El yoni de las que mueran por la unión con él adquirirá la misma apariencia del lingam de Indra.

La posesión en los cinco estados que he establecido permite cinco formas para cada uno, de tal manera resultan veinticinco variedades de posesiones.

Existe la posesión del deseo afín, del deseo menor y del deseo inverso. De esto departiremos a continuación.

Segunda parte

Invocación

Que Rama me procure una flecha de su aljaba, una de esas flechas que son el tormento de los amantes y la ruina de las vírgenes.

Y tomando de ellas inspiración, si yo mismo no me extravío cada vez de pasión, sabré instruir a los que me escuchan en los misterios del amor carnal.

Las mujeres sienten que una conmoción recorre su espalda y su vientre, a la sola mención del nombre de Rama. Su yoni se expande, los hombres enloquecen de amor, y un elixir se desborda en ellas.

Rama, que sea mi poesía ese elixir divino.

De la posesión

Cuando los dos seres que toman parte de ella se gozan juntos y recíprocamente, se puede hablar de posesión.

Ésta puede ser:

Alta
Baja
Muy alta
Muy baja
Soberana
Perfecta

Cuando los amantes se poseen por amor, es alta.

Cuando se efectúa para satisfacer la excitación, es baja.

Si los amantes se unen conforme a las pautas de Kama, es muy alta.

Cuando en lugar del yoni se emplea el ano de la mujer, es muy baja.

Si los amantes son de igual casta y limpios en su deseo, es soberana.

Cuando de ella deriva una gracia divina y el deleite alcanzado por los amantes es de la más alta calidad, es perfecta.

A la única que nos dedicaremos es a la posesión perfecta.

Al mismo tiempo que una gran cantidad de requisitos son necesarios para que la posesión se incline a la perfección, son indispensables ciertas cualidades en los amantes. Esto es lo que estudiaremos.

Requisitos para la posesión perfecta y atributos específicos de los dos sexos

I

El hombre se clasifica de tres maneras: el hombre-liebre, el hombre-toro y el hombre-caballo, de acuerdo con el tamaño de su lingam.

La mujer, según la profundidad de su yoni, es una cierva (*Padmini*), una burra (*Chitrini*), una elefanta (*Shankhini*) o una cerda (*Hastini*). Esto indica que hay tres uniones iguales entre personas de tamaños correspondientes y seis uniones desiguales cuando los tamaños no corresponden. En total hay nueve uniones, como se ve en el siguiente cuadro:

IGUALES		DESIGUALES	
Liebre	Cierva	Liebre	Burra
Toro	Burra	Libre	Elefanta
Caballo	Elefanta	Toro	Cierva
		Toro	Elefanta
		Caballo	Cierva
		Caballo	Burra

En las uniones desiguales, cuando el varón sobrepasa a la mujer en tamaño, su unión con la mujer que, de acuerdo con el cuadro, aparece inmediatamente después de él se llama alta unión y es de dos clases; mientras que la unión con la mujer más alejada de él por su tamaño se llama muy alta unión y es de un solo tipo.

Por el contrario, cuando la mujer excede al hombre en tamaño, su unión con el varón que aparece inmediatamente después de ella se conoce como baja unión y es de dos clases; mientras que su unión con el hombre más retirado de ella se denomina muy baja unión y sólo es de un tipo.

En otras palabras, el caballo y la burra, el toro y la cierva, forman la alta unión, en tanto que el caballo y la cierva forman la muy alta unión. En lo referente a las mujeres, la elefanta y el toro, la burra y la liebre constituyen la muy baja unión.

Hay, por lo tanto, nueve clases o tipos de unión según los tamaños. De estas uniones, las iguales son las superiores; las muy altas y las muy bajas son las inferiores; las otras son de mediana calidad y, entre ellas, las altas son mejores que las bajas.

También hay nueve tipos de unión de acuerdo con la intensidad de la pasión o del apetito carnal:

HOMBRES	MUJERES	MUJERES	HOMBRES
Pequeña	Pequeña	Pequeña	Mediana
Mediana	Mediana	Pequeña	Intensa
Intensa	Intensa	Mediana	Pequeña
		Mediana	Intensa
		Intensa	Pequeña
		Intensa	Mediana

II

Se dice que un hombre es de pasión débil cuando su deseo en el momento de la unión no es muy intenso, su semen no es cuantioso y no puede soportar los cálidos abrazos de la mujer.

Los que tienen mejor carácter son llamados hombres de pasión mediana; y los que están colmados de deseo son hombres de pasión intensa.

Igualmente, las mujeres son clasificadas en tres grados, como se especifica con respecto a los hombres.

Finalmente, según el tiempo empleado, hay tres clases de hombres y de mujeres, a conocer: los que utilizan poco tiempo, los que utilizan un tiempo mesurado y los que emplean un tiempo prolongado, y de esto se derivan, como en las combinaciones anteriores, nueve clases de unión.

Sin embargo, sobre este asunto, los criterios difieren en relación con la mujer, y hay que confirmarlo.

Auddalika dice: "Las mujeres no disfrutan como los hombres. Ellos simplemente satisfacen su deseo en tanto que las mujeres, en el disfrute de su pasión, sienten una clase particular de placer que les es grato, pero no lo pueden explicar fácilmente. Un hecho indudable que demuestra esto es que en la unión los hombres, luego del orgasmo, se quedan inmóviles y satisfechos, cosa que no ocurre con la mujer."

Sin embargo este juicio tiene una impugnación: es que si el hombre prolonga la unión por mucho tiempo, la pasión de la mujer es más larga, y si él termina rápidamente la mujer queda descontenta. Algunos sostienen que este hecho demostraría que la mujer también tiene un orgasmo fuerte.

Esta opinión, no obstante, no tiene fundamento, porque si es necesario un largo tiempo para apaciguar el deseo de una mujer, y si durante ese tiempo ella experimenta un gran placer, es normal que desee hacerlo durar. A este respecto hay un viejo versículo que dice: "Por la unión con los varones, la lubricidad, el apetito y el ímpetu de las mujeres quedan complacidos y el placer que ellas experimentan es llamado su deleite."

Los discípulos de Babhravya, por otra parte, afirman que el semen de las mujeres se vierte desde el comienzo hasta el fin de la unión carnal. Y conviene que esto sea así, porque si ellas no tuvieran semen no existiría el embrión.

Hay aun una objeción: al comienzo del coito el ardor de la mujer es mediano y apenas suficiente para aguantar los vigorosos bríos de su amante; pero paulatinamente su pasión crece hasta que ya no tiene conciencia de su cuerpo y entonces desea alcanzar el final del coito.

Esta objeción carece de valor, porque hasta en las cosas más habituales que se mueven con mucha fuerza, como una rueda o un trompo, al empezar el movimiento este es lento, pero lentamente se vuelve más y más veloz. Así, la pasión de una mujer aumenta paulatinamente y siente el deseo de finalizar el coito cuando todo su semen ha sido derramado.

Sobre esto hay otro versículo que dice: "La emanación del semen del hombre sólo ocurre cuando el coito finaliza, mientras que el semen de la mujer se vierte continuamente. Cuando el esperma de ambos ha sido totalmente emitido, los dos sienten el deseo de concluir el coito."

Vatsyayana, en fin, es del sentir que el semen de la mujer se expulsa de la misma forma que el del hombre.

III

Ahora bien, alguien se podrá preguntar en este punto: Si el hombre y la mujer son seres de la misma especie y ambos llegan al mismo resultado, ¿por qué cada uno de ellos tiene que desempeñar funciones diferentes?

Vatsyayana responde que esto es así porque las formas de obrar son distintas en el hombre y en la mujer, así como la conciencia que cada uno tiene del goce. Así pues el hombre es agente y la mujer paciente, lo cual está en la naturaleza del macho y de la hembra. Es decir, el agente podría ser alguna vez el paciente, y viceversa. Y de este contraste en los modos de operar, nace una diferencia en la forma de sentir el placer, de este modo él piensa: "Esta mujer es mía" y ella piensa: "Soy de este hombre".

Hay que observar: Si las formas de operar son distintas en el hombre y en la mujer, ¿por qué no hay una oposición en el deleite mismo que experimentan y que es la consecuencia de esas formas de operar?

No obstante, esta objeción carece de valor porque el agente y el paciente, siendo individuos de diferentes especies, hay un motivo para que operen de manera diferente, pero no hay motivo para que exista una diferencia en el placer que reciben, puesto que para los dos el placer se deriva naturalmente del acto que ejecutan.

Algunos podrán decir sobre este asunto: Cuando distintas personas se emplean en la misma labor, advertimos que buscan el mismo propósito, en tanto que, por el contrario, en la unión del hombre y la mujer cada cual persigue su objetivo separadamente, lo cual es absurdo. Sin embargo la observación es injusta, porque a veces vemos dos acciones realizadas al mismo tiempo, como en la lucha de carneros, en la cual los dos reciben, simultáneamente, el choque en la cabeza. Ocurre igual cuando se lanzan dos bolas de juego una contra otra y en la pelea o lucha de atletas. Si se advierte que, en este caso, los elementos utilizados son de la misma clase, se indicará que, en el caso del hombre y de la mujer, la naturaleza de dos individuos es igual también. Y como la distinción en su forma de operar procede únicamente de su diferencia de conformación, de aquí se concluye que los hombres reciben idéntica clase de goce que las mujeres.

Sobre esto también hay un versículo que dice: "Siendo los hombres y las mujeres, de la misma naturaleza, reciben la misma clase de placer y, por lo tanto, un hombre debe contraer nupcias con una mujer que pueda amarlo y corresponderle siempre."

Habiendo demostrado que el placer de los hombres y mujeres es de igual naturaleza, se concluye que, con respecto a la duración del coito, así como hay nueve clases de comercio sexual hay nueve clases de unión de acuerdo con la fuerza de la pasión.

Y como hay nueve clases de posesión o unión según las dimensiones del lingam y del yoni, de la fuerza de la pasión y del tiempo de duración, la combinación de todas estas clases produce innumerables formas.

Por lo tanto, en cada forma particular de posesión, los hombres deben utilizar los medios que consideren ventajosos para el momento.

IV

Cuando hay unión por primera vez, el ardor del hombre es intenso, y el tiempo que utiliza, breve; sin embargo, en las uniones siguientes de la misma jornada resulta lo contrario.

En la mujer es distinto, ya que la primera vez su ardor es débil y el tiempo que utiliza, largo; pero en las uniones siguientes de la misma jornada su pasión aumenta y el tiempo disminuye, hasta que queda enteramente complacida.

Diferentes condiciones y grados de amor y placer

Los hombres instruidos en humanidades dicen que hay cuatro clases de amor:

Amor que resulta de una costumbre
Amor que resulta de la imaginación
Amor que resulta de la fe por experiencia
Amor que resulta de la percepción de objetos exteriores

El amor resultante de la práctica constante y permanente de tal o cual acto es llamado amor adquirido por práctica y costumbres constantes, como, por ejemplo, el amor por la unión carnal, el amor por la caza, el amor por la bebida, el amor por el juego, etcétera.

El amor sentido por las cosas a las que no se está habituado, y que procede totalmente de las ideas, es llamado amor resultante de la imaginación: como, por ejemplo, el gusto que algunos hombres, mujeres y eunucos tienen por el *Auparishtaka* o unión bucal, y el que todos sienten por actos como abrazar, besar, etcétera.

El amor mutuo de las dos partes y cuya sinceridad no es dudosa; cuando uno ve en el otro la mitad de sí mismo, se dice que es el amor resultante de la fe por experiencia.

El amor que resulta de la percepción de objetos exteriores es indudable y bien conocido por todo el mundo, porque el goce que da es superior al goce de los otros tipos de amor, que no existen sino para él.

V

Ahora vamos a ilustrar las virtudes de los hombres y de las mujeres antes y durante la unión.

Los viejos eruditos aseveran que cada clase de mujer siente el placer perfecto únicamente ciertos días.

Padmini estará en estado de gozar más los días 1, 3, 7, 11 y 17.

Chitrini, los días 2, 4, 9 y 21.

Shankhini, los días 6, 12, 23, 25 y 29.

Hastini, los días 13, 15, 18, 20 y 24.

Esto sin tomar en cuenta la fase lunar. Del mismo modo ciertas horas son más propicias para el placer.

Padmini no se deleita de noche, sólo de mañana.

Chitrini se complace al mediodía.

Shankhini no amará apasionadamente si no es de noche.

Hastini, poco susceptible, encontrará goce en cualquier oportunidad.

Los hombres y las mujeres no son igualmente sensibles a las circunstancias y los días. Por ejemplo, después de la pubertad, la mujer es más perceptiva en los primeros quince días y únicamente del lado derecho. Pero como esto cambia continuamente y las quincenas lunares se sobrevienen durante el mes, el amante siempre debería estar acariciando a su amada con el fin de averiguar, previamente a la unión, en qué estado se halla. Con su grito producido con los dientes cerrados, *sitkara* anuncia el momento de disposición total para la posesión perfecta.

VI

Es importante mencionar en este punto, como lo han hecho anteriormente los eruditos, que no hay nada más delicado y confuso que la susceptibilidad de las mujeres. Para enseñarles a deleitarse adecuadamente, es necesario que el hombre tenga un amplio conocimiento, arte y delicadeza para así conseguir los fines religiosos y venturosos de goce.

Ciertamente, las características que hemos examinado no están totalmente precisadas. Antes de poder establecer en qué tipo y bajo qué protección astral se encuentra la mujer que se ama, son necesarias numerosas experiencias. Normalmente hay una combinación de temperamentos, de diversos dones, y con el fin de establecer los pasos a seguir para alcanzar la posesión perfecta es imprescindible proceder con mucha cautela.

VII

El auténtico principio para tener éxito en el amor es el deleite de la mujer. Consideramos oportuno dar la definición.

Hay en el comienzo del placer tres estados:

Los ojos cerrados
El cuerpo frío
La respiración alterada

El placer rebosante consta de cinco estados:

Los gemidos
Los miembros inferiores se encogen
El desvanecimiento
Las exclamaciones de amor
Los esfuerzos por hacer penetrar más hondamente el lingam en el yoni

Finalmente, al terminar la unión, dos etapas:

Los espasmos
La relajación de los músculos del cuerpo

Si todo sucede como se ha explicado hasta el momento, la mujer ha alcanzado todos los deleites que puede proporcionarle el amor. Aun si ella no está satisfecha todavía, será obligación del hombre interrumpir la posesión con fin de no extremar el momento de debilidad de su compañera, que podría caer en catalepsia.

VII

La posesión amorosa se puede realizar de muchos modos, tomando en cuenta el tamaño de los yonis y de los lingams, sin embargo intentar introducir un lingam de doce dedos de largo en un yoni de seis dedos de profundidad es absurdo. Por supuesto esta unión se realiza, pero en este caso la mujer, manteniendo fuera de sí la parte más grande del lingam, cerrará su mano alrededor de la base de éste.

El complemento más grande de la felicidad, en la unión carnal, se puede conseguir si hay concordancia de los tamaños. Un lingam demasiado pequeño no tiene influencia sobre las partes sensibles del yoni que es su misión estimular. Uno demasiado grande, en vez de causar placer, produce dolor.

Lo que origina el goce en el hombre y la mujer es la expulsión, en espasmos, del líquido seminal cuyo nombre es *Kamasalila*.

Ese efecto se alcanza de tres modos:

Pausadamente
Velozmente
Inmediatamente

Kama aconseja que sea pausadamente, ya que el placer retrasado por más tiempo es más profundo. Los hombres que son muy jóvenes consiguen, a menos que sean muy apasionados, una satisfacción inmediata que decepciona a las mujeres.

El deseo, es decir la energía que constituye la capacidad de placer, puede ser de tres tipos:

El furioso (*Chanda-Vega*)
El helado (*Manda-Vega*)
El moderado (*Madhyama-Vega*)

La mujer que es del primer tipo es muy apasionada y se deleita varias veces, mientras que su amante sólo consigue un placer.

La que es del tipo helado se rehúsa todo el tiempo a tener contacto con el marido, por lo que a éste le es dificultoso satisfacerse sin disgustarla.

Una mujer mucho más dichosa es la del tipo moderado, porque no padece por necesidad de amor, no sufre por deleites que su marido no puede darle.

IX

Finalmente hay tres clases de movimiento para lograr el placer:

El rápido (*Chirodaya Kriya*)
El pausado (*Machyodaya Kriya*)
El inmediato (*Laghndaya Kriya*).

Existen nueve formas de unión de acuerdo con el tamaño de los órganos sexuales, nueve formas conforme el tiempo que se necesite para alcanzar el goce, y nueve según los movimientos que se realicen en la posesión. En total resultan veintisiete tipos los cuales, a su vez, conllevan veintisiete variaciones. Hay entonces doscientas cuarenta y tres clases de uniones amorosas.

Facultades para el amor

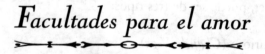

I

La jovencita llamada *Baia*, que tiene entre 11 y 15 años, puede ser enamorada por medio de dulces atenciones y regalos. Es idónea para el amor nocturno. Se le llama *Taruni* cuando tiene entre 16 y 30 años, se le puede atraer por la gallardía y está dispuesta a la unión todo el día. La mujer entre los 30 y 50 años es conocida como *Prandha*, se le conquista con cortesía y se entrega sobre todo al mediodía.

II

También hay que considerar el *Satva*, que es lo que cada mujer ha vivido en existencias previas ya que, por la herencia inconsciente de su pasado, cambia su supuesta naturaleza.

Así tenemos a:

Devasatva-Stri que está próxima a los dioses, es bondadosa, dulce y tierna. Los amigos y el amor no le causan repugnancia alguna.

Guandarvasatra-Stri. Le deleitan los aromas y los refinamientos; es pura, elegante y exquisita. Tiene especial predilección por el amor en el cual ella domina a su amante, y que se conoce como *Vilasa*.

Yahshasatva-Stri tiene busto grande y piel fresca. Adora la comida y la bebida. Es ardiente, no tiene recato y siente ansiedad por las formas más dinámicas del amor.

Pisachasatva-Stri. Su cuerpo es pequeño, negro y caliente, parece un demonio. Siempre acepta el lingam pues su deseo es constante.

Nagasatva-Stri siempre está afligida y nostálgica. Vive con recelo y apatía.

Kakasatva-Stri es cruel, codiciosa e inútil como un cuervo.

Vanarasatva-Stri es muy hábil pero nerviosa y animal, se parece al mono.

Vansatva-Stri es vil, tonta y parecida a un asno.

Es valioso para los esposos y amantes el conocimiento de los *Satvas*, pues es muy ventajoso saber qué vida ha tenido una mujer, a través de sus continuas reencarnaciones, antes del momento en que se la halla.

III

Una mujer pequeña con pechos duros y de piel brillante debe ser poseída por su marido frecuentemente.

Se llama *Vitahini* a la mujer que es alta, delgada, de piel oscura y cuerpo flácido, trae tristeza y es de mal augurio.

La mujer que come en exceso, es holgazana, apática y testaruda, apenas logra apagar la fogosidad de su sexo y, a fuerza de hacer el amor, lleva muchas veces a su esposo o amante a la muerte.

Todavía falta hablar de una clase de mujer que ha apagado sus deseos por las exigencias de su vida familiar. Adueñarse de ella como esposo resulta complicado, pero como amante siempre se la puede gozar fácilmente.

Estas mujeres son las que:

Siendo muy jóvenes han contemplado a su madre entregada a la inmoralidad.
Tienen amigos degenerados
Han permanecido sin marido durante largo tiempo
Visitan a personas mal educadas
En su juventud tuvieron pocos alimentos y ropas raídas
Se desaniman muy fácilmente

IV

Son doce circunstancias particulares en las cuales las mujeres prefieren realizar la posesión y durante las cuales su ardor y deseo es vehemente:

Cuando están agotadas
Cuando su esposo no está

Un mes antes de dar a luz
Cuando comienza el embarazo
Cuando están nostálgicas
Después de tener calentura
Cuando son muy recatadas
Cuando están jubilosas
Antes y después de las menstruaciones
Después de la primera unión
Cuando es primavera
Cuando hay tempestades

V

Es necesario, antes de concluir esta parte de mi obra, enlistar los diversos atributos de los lingams y los yonis.

Existen diez y ocho clases de lingams:

El que es largo y termina en punta
El que es corto y termina en punta
El que es largo y termina en martillo
El que es corto y termina en granada
El que tiene forma de cono
El que tiene forma de medialuna
El de glande azulado
El que es largo y sin glande
El que es grande y termina en granada
El jorobado
El que es corto y termina en martillo
El que tiene forma cilíndrica
El que tiene piel aterciopelada
El que tiene piel rosada y lisa
El que tiene pápulas

El que tiene toda la piel de un mismo color
El que siempre está blando
El que es flexible y de glande duro

Son ocho las clases de yonis:

El que es muy suave
El que tiene la piel dura
El que está sembrado de pequeños granos
El que tiene abundantes pliegues
El que tiene un clítoris grande como un lingam
El que parece una lengua de vaca
El que tiene secreciones violáceas
El que es muy apretado y estrangula

VI

La arteria conocida como *Saspanda* es la que hace brotar el semen del yoni. Parte desde el ombligo y es la zona más sensible de una mujer, si apenas se toca la mujer se agita. El clítoris tiene aproximadamente el grosor de un dedo, es como un botón pequeño, y surge de entre los labios. El clítoris es el que rige sobre el placer, y cuando está rígido solo basta tocarlo con la punta del índice (después de una plegaria a Kama) para provocar el desvanecimiento de la mujer.

Las mujeres de nuestra nación tienen capacidades muy diversas para el amor.

Las del territorio central, devotas, bien educadas y refinadas son muy apasionadas, pero les es necesario montar al hombre.

Las de Malwa exigen una unión larga y duradera, para que obtengan el placer es imprescindible acariciarles el yoni.

Las de Mathra adoran besar el lingam de su esposo, pero con la condición de estar en la oscuridad y ser tomadas de inmediato.

Las de Dekhan tienen los ademanes más encantadores durante la posesión y disfrutan de inmediato.

Las de Telanghana son apasionadas del *auparishtakha* y tienen todos los vicios.

Las mujeres de Oude son muy experimentadas, siempre tienen hormigueo en el yoni y necesitan de un lingam de doce dedos.

Las de Maratha son poco recatadas y no tienen adversarias en las artes de Kama.

Las de Bengalie adoran toda clase de besos, aunque desprecian la posesión en sí misma.

Las mujeres de Orrisa son apasionadas y ardientes, desfallecen si se les introducen los dedos en la grupa.

Las mujeres de Assani producen un *Kamasalila* copioso como un manantial.

Las montañesas de la raza de Bhills son muy degeneradas.

Las mujeres de Gudgerate se deleitan más rápido que todas las demás.

Las del Pendjab son tan fogosas que hay pocos hombres que las complazcan.

Las de Tirhout son afectuosas, pero muy sensibles, y no toleran la unión por mucho tiempo.

Las indostanas alientan su goce con incontables y dolorosas técnicas. Su voluptuosidad es agresiva y ávida.

La mujer de Coromandel no se emociona mucho durante la posesión, sin embargo le fascinan todas las fricciones que logran deleitar. Es por su propia voluntad tribadista.

Las de Cambodia reclaman un lingam de una potencia sin igual.

Todos estos tipos de mujeres pueden deleitarse con

acciones previas y caricias adecuadas, luego deben ser poseídas con un arte especial que les permita saciarse. Para hacer felices a todas estas mujeres es indispensable tener mucha experiencia, cuidado, destreza y agudeza; y por eso hemos redactado esta obra que está dirigida a aquellos que anhelan encontrar la felicidad con una mujer, el amor, la paz y el deseo siempre renovado de Kama.

Tercera parte

Invocación

Cuando Kama arroja sus flechas, que son más deliciosas y aromáticas que la miel, la dicha cruza sobre la tierra y hasta los animales se aman.

Yo desearía que así sea mi labor entre los hombres, semejante a la flecha de Kama.

Es preciso revelar todos los misterios del amor para que el amor sea.

Pero sin Kama eso sería como extender un hilo de un lado mientras que por el otro se enrolla.

Y enunciando aquí las alegrías y dulzuras de la posesión, yo creo arrojar la flecha de Kama.

De la posesión

Como todos los eruditos dicen y nosotros afirmamos, la posesión es una labor de Kama sobre dos cuerpos unidos por los órganos sexuales.

Hay diversas formas de unir el lingam y el yoni y es necesario detallarlas. Son:

La posesión del betel
La sanguijuela
El martillamiento
La abertura
La ventana rota
La cuchilla
El resbalón
El costado de Indra
Por lo alto
Por lo bajo
De frente
Por atrás
El hundimiento

La posesión del betel. El lingam parece rasgar una hoja y llega sesgadamente; luego se hunde de lado. Todas sufren con esta técnica, con excepción de las mujeres de Dekhan.

La sanguijuela. El corazón de las mujeres siempre se regocija con este método. El lingam se coloca en el umbral del yoni y éste lo absorbe poco a poco.

El martillamiento. Éste es el impacto en conjunto para formar una entrada. En el Pundjab las mujeres se vuelven locas con este procedimiento.

La abertura. Para ubicar la cabeza del lingam entre los labios del yoni se utilizan los dedos, la secreción facilita enseguida su entrada.

La ventana rota. El hombre guía el lingam con el pulgar y lo inserta entre los labios.

La cuchilla. Es la penetración brusca y de un solo golpe. Únicamente las mujeres expertas y con amantes cuyo tamaño de lingam les sea conocido, pueden utilizarlo.

El resbalón. Este es como la técnica de la cuchilla, pero más pausado y suave.

El costado de Indra. Es la irrumpción por la izquierda tirando sobre el labio derecho del yoni, que dirige y orienta la entrada del lingam.

Por lo alto. El lingam ubicado enfrente y apoyándose en el clítoris penetra en el yoni.

Por lo bajo. Representa el movimiento opuesto. El amante asciende dulcemente apoyando muy fuerte el lingam, de tal manera que éste se acomoda solo en la separación de los labios.

Por atrás. La mujer, que se encuentra en cuatro patas (hecho que tiene un considerable valor religioso), abre los labios del yoni con sus dedos y el lingam se introduce derecho sobre el yoni.

El hundimiento. Cuando los amantes se estrechan sin querer introducir el lingam, las bocas se deben aproximar, entonces el lingam debe estar colocado en posición para introducirse en el yoni sin que los amantes se den cuenta de ello.

Los requisitos físicos y las condiciones religiosas de la posesión serán tratados a continuación.

De los requisitos físicos y religiosos

Si un amante logra antes de la unión que sólo sea Kama el que lo inspire, obtiene el apoyo divino y no halla obstáculo alguno. Es necesario para la felicidad de esposos y amantes que tengan siempre presente la imagen de Kama.

Por supuesto admitimos que las delicias de la pasión y la disposición para la voluptuosidad pueden llegar a dominar el pensamiento de los amantes. Kama, es preciso decirlo, es tolerante y no se enfada por estas causas.

No obstante hay actos que están prohibidos, tanto por el apego carnal al acto de amor, o porque son opuestos a las leyes de Kama. Mencionaremos cuáles son estos actos conforme avancemos en esta obra, que procura semejarse a las de los grandes eruditos del pasado.

El acoplamiento de los órganos es, por supuesto, un requisito físico.

Para que puedan entrar en contacto y provocar placer es imprescindible que el tamaño del lingam y el yoni lo permitan, que sea sencillo y se obtenga la totalidad del goce.

Estos requisitos demandan la armonía entre los tamaños de los órganos sexuales.

Por ejemplo una mujer obesa requiere de un lingam más largo y agudo que una mujer delgada.

Del mismo modo si se tiene la costumbre de la posesión alta, en postura contraria, el acto fracasará si la mujer es obesa y el hombre también lo es.

Asimismo cuando la mujer desea hacer el papel del hombre se encuentra en condiciones distintas que en la posición contraria.

Pero en todos estos casos el lingam debe penetrar el yoni completamente, encajar y no tener en la mente algún otro interés, pues esta es la fórmula de la perfección que se debe encontrar. El acatamiento de esta regla depende de muchos eventos, pero sometidos a un principio universal.

Las normas religiosas habituales, la ley del amor y también la del placer, dicen que el deleite obtenido sin demasiada agitación y sin agotamiento procede de la modificación de la posesión.

Se conoce como *trabajo de hombre* a lo que éste hace para deleitar a la mujer; cuando la mujer monta sobre el hombre acostado, y cumple, en su turno, con lo que su amante necesita para gozar, se conoce como *trabajo de mujer*. El trabajo del hombre implica una parte preliminar al placer y se hablará sobre este asunto en otra parte de este libro que Kama cuida y resguarda.

Requisitos del placer

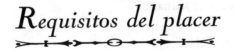

I

Para que el hombre desarrolle completamente su trabajo debe iniciar con un beso en la oreja, luego en la boca. A

49

continuación el hombre acariciará el cuerpo de la mujer sobre los vestidos y luego debajo de ellos. Oprimirá los senos, que la mujer tratará de resguardar, con una mano y con la otra acariciará entre los muslos. Como afirma Suvarnanabha haciendo esto sobresaldrá la parte de su propio cuerpo hacia la que la mujer orientará su mirada y a la que ceñirá con pasión. En este instante la mujer, rendida, será del hombre.

Pasará entonces a introducir el lingam como se ha expuesto anteriormente.

En ese momento la alegría de la mujer por ser poseída empieza a surgir. Sus ojos se cerrarán, su cuerpo se entregará y, sin darse cuenta, sus movimientos harán más ceñida la unión del lingam con el yoni.

Por el contrario si no se siente feliz, se moverá en sentido opuesto al de sus acciones, sus manos se volverán ansiosas, morderá, golpeará y lesionará al hombre.

Si esto sucede, el hombre tiene la obligación de apartarse y realizar, tanto el *auparistakha* como el beso sobre el yoni, o bien acariciarlo suavemente con dos dedos un poco abiertos.

Continuará con la posesión únicamente cuando advierta el abandono o el desmayo de la mujer.

En este instante deberá retomar todos los pasos de la posesión, los cuales sólo darán placer a la mujer si son realizados en el orden correcto.

Estos pasos se llaman:

Empujar adelante
Batir o friccionar
Perforar
Frotar
Apretar
Dar un golpe
El golpe del jabalí

El golpe del toro
La caza del gorrión

Cuando los miembros están uno frente al otro y se introduce el lingam muy suavemente hasta el fondo es empujar adelante.

Si el hombre agarra el lingam con su mano y lo pasa alrededor del yoni es batir.

Cuando el lingam golpea el clítoris y el yoni está abajo se llama perforar. Si se hace lo mismo con el lingam cuando el yoni está alto se llama frotar. Se llama apretar cuando el lingam se conserva en el fondo del yoni y el hombre se mueve sin sacarlo.

Dar un golpe es cuando se retira el lingam del yoni y se vuelve a introducir con ímpetu. El golpe del jabalí se realiza si el lingam frota solamente un costado del yoni, esto pasa sobre todo cuando los amantes están recostados sobre las caderas.

El golpe del toro es cuando se frotan los dos lados del yoni sucesivamente. Si el lingam está dentro del yoni, se mueve velozmente, es la caza del gorrión. Es en ese instante que surge el deleite.

II

Hay tres causas por las cuales una mujer puede desempeñar el papel del hombre y efectuar el trabajo que a él le corresponde, y son:

Cansancio del hombre
Curiosidad del hombre
Deseo de ella por tener nuevas sensaciones

51

Para tomar esta postura nueva la mujer puede detener una unión ya comenzada. También puede dar la vuelta suavemente de tal suerte que el lingam continúe dentro del yoni. De esta manera tratará de no interrumpir el placer de su amante.

Si desde el principio ella comienza con el papel de hombre, se adornará con flores el cabello y se mostrará sonriente y traviesa. A continuación fingirá que se retira por decoro y cansancio, todo se hará sin dejar de incitar al que ella tiene debajo suyo. Finalmente dejará de aparentar y hará su trabajo. Este puede realizarse de tres maneras:

El par de tenazas
El trompo
El columpio

El par de tenazas

El par de tenazas

Es preciso tener cierta experiencia para realizar el par de tenazas como lo desea Kama. Este trabajo consiste en un leve vaivén del cuerpo, que se hace sin retirar el lingam del yoni, hay que mantenerlo muy apretado en el fondo.

El trompo

El trompo

El trompo se aprende sólo con la práctica y consiste en girar en redondo, como una rueda, sobre el centro del lingam. El frotamiento transversal estimula maravillosamente todas las zonas sensibles del lingam y el placer es tan rápido como violento, aunque es menos apropiado para dar deleite a la mujer.

Se conoce como columpio a la unión en la cual el hombre eleva la parte media de su cuerpo y la mujer se mueve de adelante para atrás.

La mujer que es muy diestra en estas artes, puede prolongar por mucho tiempo el goce de su amante.

El columpio

III

Es conocido el caso de la cortesana Navingorad que provocó la muerte de un hombre, en sólo mediodía, tan sólo retardando regularmente el orgasmo, los espasmos fueron funestos para quien se le había subordinado.

Este era un castigo, retomado mucho tiempo después por otros, ideado por el rey Novigaram y que debía sancionar mas no provocar la muerte.

Aunque es innegable que aquel que muere de placer en manos de Kama es dichoso, para ejemplo basta el que acabo de proporcionar en la exposición que he hecho. Por otro lado, parece ser que esta técnica, a pesar de su escaso beneficio religioso, es la favorita de los amantes. Si la mujer se cansa durante este acto deberá, sin interrumpir la unión de los miembros, estirarse sobre su amante, usualmente se obtiene el deleite en esa pausa.

Un viejo erudito ha dicho: "Por más decorosa que sea una mujer, la pasión dejar ver el fondo de sus impulsos y deseos. Que la mujer se coloque sobre el hombre y lo cabalgue hasta que se satisfagan sus deseos y sentidos. Es magnífico para el hombre hacer que la mujer se coloque en todas las posturas amorosas. Esta es para mí la mejor manera de conocerla. Tanto el marido como el amante nunca acaban de conocer bien aquello que más deleite les da.

"Asimismo, ¿es provechoso que se despoje a la mujer del placer, pese al esfuerzo que ha hecho para llevar al hombre al placer?"

Del mismo modo es necesario tomar en cuenta la finalidad, que es el amor, su prolongación, su ímpetu, la lealtad, que lo hace más exquisito al corazón, la destreza, la energía de la mujer, así como los hábitos de cada región y las costumbres de las personas que los rodean.

Cuarta parte

Invocación

El único dios al que no le resulta desconocido lo que estoy escribiendo es Kama. Desde el principio de los tiempos, él inspira a los hombres todas las prácticas del amor.

Yo también debo, antes de decir cómo los amantes y los esposos deben perfeccionar la entrega de sí mismos con juegos que hacen más intenso el deleite, invocar a Kama con palabras que no resulten vanas.

Porque en el tema amoroso todo es frívolo, si no lleva el nombre y la bendición del dios por el cual el amor es el punto de inicio y el de llegada universal.

Que Kama ayude, pues, a que mi palabra sea precisa y sabia, de tal forma que aquellos que la escuchen se convenzan de su verdad y sientan el deseo de llevar a la práctica mis lecciones.

Que Kama me ilumine para crear las más finas comparaciones que sean capaces de ayudar a sustentar los planteamientos y definiciones relativos al amor.

Sin la poesía, el amor no sería sino el vulgar e insulso empalme de dos cuerpos y dos pieles. El amor es la perfecta fusión del lenguaje y la poesía. Ya que es el Dios mismo.

Gritos y gemidos

Hemos visto que la posesión se asemeja mucho a una querella o a una venganza. Se lleva a cabo en una especie de lucha en la cual el vencido no siempre es aquel o aquella que cede...

Finalmente es una síntesis de las acciones humanas que siempre van y vienen, en todos los casos, del deleite al dolor, de la paz a la guerra, y del acuerdo a las muestras de rencor.

El rencor, claro está, esconde el placer.

En el amor existe toda una gama de acciones adicionales, tomadas o no de actos normales de la vida, que lo mejoran ayudando a darle un gusto novedoso.

Están, por ejemplo, los gritos de amor.

Los gritos son de dos tipos: Los que parten de la sola sensación de placer y los que resultan de uniones, ya sean feroces o delicadas.

A su vez existen doce clases de gritos que corresponden a la sensación de placer.

Se pueden catalogar así entre las mujeres:

La exhalación
La inspiración
El grito sin palabras
El rugido del tigre
La llamada

La angustia del cazador
El grito de espera
El arrullo de la paloma
El chirrido de los dientes
El mordisco resistido
La súplica
La agonía de la liebre

La expulsión brusca del aire que hay en el pecho, que es simultánea al arqueamiento de la espalda, durante la unión, es la exhalación. Se lleva a cabo cuando comienza la unión y antes de que llegue el placer. Es un esfuerzo para que las sensaciones, que hasta ese momento eran un poco imprecisas, de la avidez y del ardor de las sangres se hagan más palpables.

Entre las mujeres de la India marítima, la región de Cachemira y del Penjab, la inspiración es común. La sensualidad, para ellas, no se hace palpable más que por medio de la angustia del cazador que es, principalmente, una expresión del deleite resistido.

Para las mujeres de la India marítima la inspiración es el suplemento de todos los otros gritos. Ellas hacen esta inspiración antes de todos los otros gritos, su sonido es más o menos así: *huuuuuifìt*.

La forma en que se expresa el deseo de la mujer que intenta que el hombre apure sus movimientos y la penetre más hondamente, es un murmullo en la garganta conocido como *el grito sin palabras*. El grito sin palabras no se puede representar pero se reconoce porque la mujer abre sus brazos para emitirlo.

La evidencia de que un hombre es muy aprobado en su propósito de excitar a su pareja la debe dar *el rugido del tigre*. Este es un grito suave y pausado que confirma el dominio del placer. El yoni de la mujer, en ese instante, debe apretarse, si esto no sucede —como con las cortesanas—, es necesario poner en tela de juicio la sinceridad de aquélla que emite el grito. Las montañesas tienen el hábito de emitir el rugido del tigre después de la unión. Es bueno dudar de ellas y los antiguos escritores dicen que esto se debe a un hechizo antiquísimo causado por la costumbre de llevar al hombre a su muerte después de la unión.

Todas las mujeres jóvenes, que aún no están familiarizadas con el placer, emiten *la llamada*. Ésta consiste en decir, sin tener conciencia de ello, el nombre de algún pariente o amigo.

Hay quienes afirman que si se pronuncia el nombre de Kama durante el instante del placer, se tendrá una vida larga, próspera y plena de deleite.

Pese a proporcionar placer en abundancia y dar testimonio de ello con el yoni avivado como una fogata, *la angustia del cazador* es muy temida.

Se piensa que este miedo nace debido a que las mujeres que sienten esta angustia desfallecen o se niegan a volver inmediatamente a su natural estado de equilibrio —aunque no hemos sabido de nadie que haya perecido.

Falta añadir que las mujeres que sienten satisfacción y necesidad al emitir este grito de angustia nacen para ser cortesanas.

Justo en la cúspide del placer cuando la mujer siente sus órganos vibrar y palpitar sin que alcance todavía el orgasmo aparece *el grito de espera* cuyo sonido es: *hououtch*.

De todos los gritos, éste es el que deleita más al hombre.

En caso de que, durante la unión, la mujer coloque las piernas sobre la espalda del hombre, y se encuentre dispuesta, por la forma en que respira, a arrullar suavemente es que *el arrullo de la paloma* se produce. A veces el arrullo dura hasta que la unión concluye. Las mujeres de Gudgerate solamente arrullan cuando toman la posición de la vaca.

El más desagradable de los gritos es *el chirrido de dientes*, las mujeres dispuestas a emitirlo tendrán que apelar a su destreza para evitarlo.

El mordisco resistido es un crujido de la lengua, como un esfuerzo por deglutir, que puede reproducirse así: *tchirtroui*. Este grito, que no es empleado más que en Hyderabad, provoca que los hombres se disgusten al oírlo.

Por el contrario, *la súplica* es el grito más tierno y el más estimado por los hombres. Las mujeres que lo emiten tienen inclinación a sentir inmediatamente las primeras evidencias del placer. Su sonido es *Datchi*, es decir, todavía.

Jamás se encuentra antes de los treinta años *la agonía de la liebre*. Para el hombre este es el grito más exquisito y estimulante. La mujer que está habituada a emitirlo lo hace en el instante en que su compañero va a alcanzar el placer. Este grito se puede representar de este modo: *hiiitsé biii*.

Cuando las mujeres sienten espontáneamente la necesidad de hablar durante el ardor y la posesión, sus gritos son como se ha dicho.

Asimismo los doce gritos del hombre son:

La aspiración
La exhalación
El ahogo
La herida de Indra
La muerte de Lackmy
El tazón de leche
El maullido del gato
El grito del ruiseñor
La trompeta
El tiro de la piedra

La roca azotada
El ladrido del perro

El afán del hombre que goza de su compañera y quiere darle placer corresponde a *la aspiración*. Combina sus besos con aspiraciones fuertes y rápidas que reproducen el sonido: *aabbbuuuiiit.*

Cuando el hombre está por conseguir su propio placer, *la exhalación* siempre es pausada y dolorosa. En ese momento está listo para emitir el tercer grito.

En el momento que se hace un intento por retener el aire contenido en el pecho y alcanzar el placer sin respirar se emite *el ahogo*.

Esto es semejante a lo que hacen los cazadores con sus labios: los cierran y no respiran hasta que sus esfuerzos se ven cumplidos.

Suele suceder que durante el ahogo el hombre se desmaya y es difícilmente regresado a la vida.

La herida de Indra reproduce, según se dice, el grito que lanzó el dulce Indra cuando fue lastimado en esa batalla que relatan todos los poetas. Es un tipo de suspiro sorprendido que acaba con un gemido pequeño.

La muerte de Lackmy. Este es el nombre que recibe el anhelo de amor, se dice que Rama poseyendo a Lackmy, en su segunda encarnación, la hizo morir. El hombre que lanza el grito de la muerte de Lackmy es al que las mujeres hallan excelente, pues se dice que amará por mucho tiempo.

El tazón de leche es una respiración pausada y apasionada que únicamente las cortesanas saben realizar, surge cuando hombres muy jóvenes y ardientes las poseen.

El maullido del gato sólo se halla en hombres que han pasado de los cuarenta años, es una clase de deseo violento. Efectivamente estos hombres no llegan al placer sino después de vacilaciones y penurias. El hombre lanza el grito del gato cuando el lingam parece perder violentamente su potencia y las sensaciones acariciantes se vuelven dolorosas.

Cuando el placer de los amantes o maridos se produce al mismo tiempo que el de su amante o esposa se emite *el grito del ruiseñor* que es un suspiro melodioso. De esta forma cantan esta gloria que es, al mismo tiempo, una muestra de amor y una prueba de pasión.

Son poco comunes los hombres que lanzan *el grito de la trompeta* cuyo origen es únicamente nasal. Algunos escritores aseguran que es de mal augurio.

Un sonido muy semejante al de un guijarro plano arrojado por una mano vigorosa en el momento en que éste salta de ella es *el tiro de la piedra*. Dado que el placer masculino se distribuye en tres áreas de sensación: las del lingam, las del tronco y las del cuello, se puede afirmar que es la expresión de un momento en el que prevalecen las sensaciones del cuello.

Un grito imperfecto que es resultado de una respiración áspera y jadeante es *la roca azotada*. Después de los esfuerzos realizados para dar goce aquellos que reciben o lanzan este grito, harían bien en evitar emitirlo pues es un ruido ronco y ahogado que viene de las profundidades del pecho.

El ladrido del perro ha recibido una docena de nombres distintos, dependiendo de los hombres que lo emitan, tal vez por eso es muy raro escucharlo. Posiblemente se trata del vestigio de un arcaico grito con el que nuestros antepasados mostraban su alegría. Es, a la vez, un grito agudo y doliente. Se cree que los hombres que emiten el ladrido del perro cuando termina la unión son más fieles y amorosos que los otros.

Del mismo modo se asegura que son más alegres y bondadosos durante el tiempo que dura su vida, y que no abandonan a sus mujeres cuando llegan a la vejez. También hay quienes afirman que este ladrido es la señal de una bendición divina.

Distintos golpes, gestos y caricias

Luego de haber clasificado los gritos, continuamos con los gestos y las caricias. Todo nace del hecho de que el amor se parece a una pelea, en la cual uno lucha con pequeños golpes que a veces se tornan en fuertes, como en una auténtica batalla.

A continuación nombramos las partes que son golpeadas o azotadas, aunque es necesario no cambiarlas si se pretende alcanzar el placer de acuerdo con Kama.

Los hombros
La cabeza
El espacio entre los senos
La espalda
El *jaghana*, o parte media del cuerpo
Los costados

Se puede azotar de varias maneras:

Con el dorso de la mano
Con los dedos un poco contraídos
Con el puño

Con la palma de la mano

Cuando el amante golpee, pese a todo el cuidado que tenga en ello, notará al principio una sensación desagradable pero, inmediatamente, estimulante desde el punto de vista sexual.

La mujer responde con un grito que, de acuerdo con el caso, significa goce, interrupción del coito, enojo o exaltación del deleite y abandono al placer. Esos gritos únicamente se pueden nombrar por los sonidos que los componen:

Sonido *hinn*
Sonido tonante
Sonido arrullador
Sonido lloroso
Sonido *phoutt*
Sonido *phatt*
Sonido *soutt*
Sonido *platt*

Sin embargo estos pequeños gritos no son más que obra del instinto. Hay asimismo palabras pronunciadas, entera o fragmentariamente, y que tienen un significado, tales como:

¡Madre mía!
No quiero más
Detente
Profundamente
Me rehúso
No
Sí

Hay muchos más que expresan la protección, el agasajo

o el rechazo, el deseo de escapar o de arrebatar, entre otros sentimientos.

En distintas ocasiones se lanzan gritos que simulan los de:

La paloma
El pichón verde
El papagayo
La abeja
El gorrión
El flamenco
El ganso
La codorniz

En el momento que el hombre empieza a dar golpes, es necesario que la mujer los acoja gimiendo y luego con rabia.

Si los golpes son propinados durante la posesión, al inicio deben ser pausados y después rápidos. Los golpes propinados en el espacio entre los senos estimulan considerablemente a la mujer y tienen que ser dados velozmente hasta el final.

Se denomina *prasritaka* cuando en ese instante el hombre golpea a la mujer con los dedos un poco cerrados.

De acuerdo con su carácter y el nivel de su deleite la mujer responderá.

Los gemidos más apropiados son *phatt* y *phott*, así como los suspiros y el llanto al final.

Phatt es el sonido del bambú que se rompe.

Phott es el sonido de un objeto que cae en el agua.

Cuando besan a la mujer tiene que responder con un sonido silbante.

Si, durante la unión, la mujer no ha gozado del complemento al placer que se puede tener de los golpes dados por el hombre, le solicitará que desista de ellos.

Durante la posesión, el hombre, con las palmas de las manos, oprimirá vigorosamente los pechos y los flancos de la mujer.

En ese momento ella emitirá el grito de la codorniz o del ganso.

Indudablemente, una vez iniciada la unión es inútil tratar de establecer normas, pues involuntariamente la pasión acierta a dar con aquello que la satisface.

Los gestos que parecen destrozar y que estimulan, los gritos que les anteceden o les responden, son ejercicios que es necesario considerar como concernientes a las uniones y a los hábitos.

Durante la posesión los gestos deben ser pocos y restringidos por el fin a alcanzar. Según el ritmo de Kama, puede suceder que la mujer se resista o que contribuya con poco deleite a ese movimiento.

Si esto sucede, será obligación del hombre procurarle, con gestos convenientes, la excitación o la actividad precisa. No obstante, es necesario aconsejar moderación en el uso de elementos que puedan provocar a la mujer demasiado dolor o perjudicarla.

Hay varios ejemplos que hablan acerca del riesgo de estas prácticas. La bella cortesana Madhavasena, que gozaba de las bendiciones divinas, fue poseída por el rey de los Pahkhalasvouya, quien en vez de golpearla entre los senos con la palma de la mano usó una cuña de madera, con lo que le causó la muerte.

Shatakarni Skatavana, rey de los Kuntala, asesinó a su esposa, la reina Malayayati, con unas tijeras que empleó en su nuca. Como ejemplo final ponemos el de Naradéva (cuya mano estaba contrahecha) que apoyó un instrumento punzante en la frente de una joven y la dejó ciega.

Hay quienes se esfuerzan por mejorar el deleite acariciando, con suaves movimientos, las partes más receptivas del cuerpo, excepto aquellas que están en acción. Esta técnica es muy poderosa, aunque requiere de un conocimiento profundo de la mujer, que en esos momentos está bajo las órdenes de Kama. Sería un error creer que una relación placentera que se practica en una región determinada, lo es igualmente placentera para las personas de otra, pues todo individuo tiene sus propios gustos y naturaleza.

Las caricias son parte integral de la posesión y las denominamos *gestos*. Efectivamente, en ese instante, no hay gesto que sea efectuado que no tenga por intención dar deleite a los amantes. Por esa razón y desde este punto de vista los golpes mismos son caricias.

Durante la posesión hay mujeres que se acarician el yoni como en el goce solitario. Sin embargo esta práctica se tiene que rechazar. En lo referente a las zonas estimulables hay que decir que son establecidas por los hábitos, por la percepción personal de los amantes y por la respuesta a las sensaciones. En efecto, los pechos, la parte de atrás del cuello, la parte de atrás de las orejas, la espalda y las caderas son áreas en las cuales la caricia es bien tomada. Hacer aquello que les cause placer a ambos, es una cuestión que concierne a los amantes.

Sobre las posiciones

Las posiciones tienen una gran importancia. Se puede decir que todo está sujeto a ellas: desde el deleite y el mérito religioso de la posesión hasta el hecho de alcanzar la estabilidad del alma que revela un espíritu en paz. Los antiguos escritores hablan, en los libros de posturas amorosas, sobre *chatushachti*, es decir sesenta y cuatro posiciones ya que, en efecto, son sesenta y cuatro, o simplemente porque su enseñanza requiere de sesenta y cuatro capítulos.

De acuerdo con otros críticos, el nombre de *sesenta y cuatro* fue dado por un homenaje a los *Vedas*, porque la parte fundamental y auténticamente divina de los *Vedas* cuenta sesenta y cuatro versículos.

De esta manera estos críticos hallan así ocho veces ocho temas a estudiar en el asunto que nos ocupa.

Son de dos tipos las posiciones o técnicas del abrazo, aquéllas que inducen al deleite y las que no lo consiguen. Comentaremos las primeras:

Las tocantes
Las agudas
Las frotantes
Las apretantes

La posición tocante es cuando hay contacto de frente, de lado o de otra manera, entre dos cuerpos. Esta posición de abrazo es especialmente adecuada si se quiere provocar esa picazón corporal en la cual el goce debe surgir con la unión. Un acto femenino es la posición en la que el abrazo es agudo. En efecto, la mujer aprieta vigorosamente sus senos contra el hombre. Este abrazo no se debe realizar más que en un lugar solitario y como resultado de un deseo que los enamorados no se atreven a declarar con palabras. Hay un contacto muy incitante que sólo se debe realizar si los amantes están en la oscuridad, se conoce como *postura frotante* y consiste en frotar los cuerpos uno contra el otro con suavidad. La *postura apretante* surge cuando uno de los dos amantes aprieta al otro contra una pared o pilar.

Los abrazos que preparan para la unión, sin duda alguna, son los frotantes y apretantes.

Sobre las caricias

Para realizar la unión hay cuatro técnicas preferidas por Kama:

El abrazo de la serpiente
Trepar el árbol
La mezcla del arroz y el sésamo
La mezcla o abrazo del agua y la leche

Cuando un ave de rapiña agarra a una *naja*, ésta se enrosca entre las garras de aquella, este acto es imitado por *el abrazo de la serpiente*. La mujer envuelve el cuerpo de su amante con brazos y piernas. Después aproxima

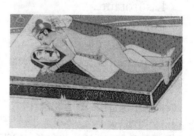

El abrazo de la serpiente

su cara para besarlo en los labios. En ese momento sus ojos lo miran apasionadamente y produce el sonido *soutt, soutt.*

Cuando la mujer apoya un pie sobre el pie de su amante, coloca el otro sobre su rodilla, una mano en el riñón y la otra sobre la espalda, arrulla suavemente simulando querer trepar muy alto, se está *trepando el árbol.* Para este abrazo, como para el anterior, también el hombre puede estar de pie.

Se llama *mezcla del arroz y el sésamo* cuando los amantes, tendidos sobre una cama, se unen apretadamente con los brazos y piernas.

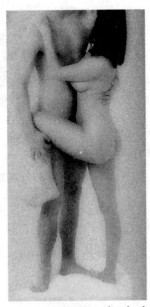

Trepar el árbol

Cuando un hombre y la mujer sienten el uno por el otro un amor tan violento que no se preocupan por hacerse daño durante la posesión, y se abrazan tan estrechamente como si intentaran penetrarse por todas las partes del cuerpo, se llama *mezcla o abrazo del agua y la leche.* Los dos últimos abrazos son parte adicional de la unión. Ahora hablaremos de las posiciones exclusivas de la unión. Este es un tratado extenso y valioso, en el cual los amantes deberán emplear tiempo, esmero y práctica.

La mezcla del arroz
y el sésamo

La mezcla o abrazo del agua y la leche

Las posiciones de amor

Hay tres tipos de unión, posesión o conexión, es decir actos de amor.

Acto alto
Acto bajo
Acto igual

La mujer *Padmini* (cierva), en el caso de un acto alto, tendrá que acostarse de tal forma que su yoni se agrande, mientras que la mujer *Hastini* (elefanta), en el acto bajo, se acostará de modo que el suyo se encoja. Todas las posiciones deberán ser naturales en el acto. Si por adelantado la mujer sabe que estará en un acto bajo, tomará drogas para ayudar a que sus sensaciones se intensifiquen.

Para *Padmini*, hay tres posiciones espaciales que son altas:

Francamente abierta
Excesivamente abierta
Como la mujer de Indra

Francamente abierta

Cuando la mujer baja la cabeza y levanta la parte media de su cuerpo es la posición *francamente abierta*. El hombre, en ese instante, debe emplear algún ungüento para facilitar la penetración.

Cuando ella levanta sus piernas y las muestra muy separadas, es la posición *excesivamente abierta*. De esta forma puede ser penetrada por un hombre-toro.

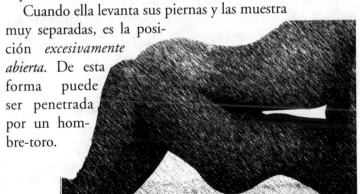

Excesivamente abierta

La posición de la *mujer de Indra* consiste en doblar las piernas, abrazar los muslos, luego ponerlos a los costados del cuerpo. Ésta no es una posición sencilla de ejecutar y demanda práctica. Es una unión muy alta. Se la puede apreciar en todas las esculturas de los templos.

El acto de *Hastini* permite cuatro posiciones:

Como la mujer de Indra

La estrechante
La prensante
La floja
La posición de la burra

Cuando las piernas del hombre y de la mujer están extendidas a lo largo, las unas contra las otras, es la posición *estrechante*. Puede hacerse de dos formas de acuerdo con como estén acostados los amantes: de lado o de espalda. En la posición de lado, el hombre siempre tiene que acostarse sobre su costado izquierdo y la mujer se debe acostar sobre el costado derecho. Así lo demanda Kama.

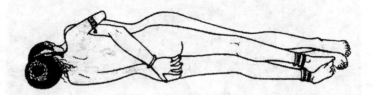

La estrechante

Cuando la mujer aprieta vigorosamente al amante entre sus muslos está realizando la posición *prensante*. Si aprieta violentamente el yoni, y con ciertas *Hastinis* muy diestras resulta muy doloroso para el hombre, el lingam está como ahorcado.

La prensante

La posición *floja* se consigue cuando un muslo de la mujer se enreda a lo largo de un muslo del hombre.

La floja

La posición de la burra se logra si la mujer es muy diestra y retiene con fuerza el lingam en su yoni sin que el hombre lo pueda retirar. Es maravilloso y lo realizan las gentes de Indra.

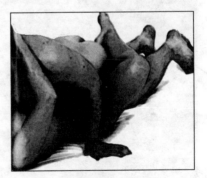

Todas las posiciones señaladas se describen según la imperecedera obra de Babhraya. De acuerdo con Subarnanbha, quien no le cede punto en sapiencia, todavía habría:

79

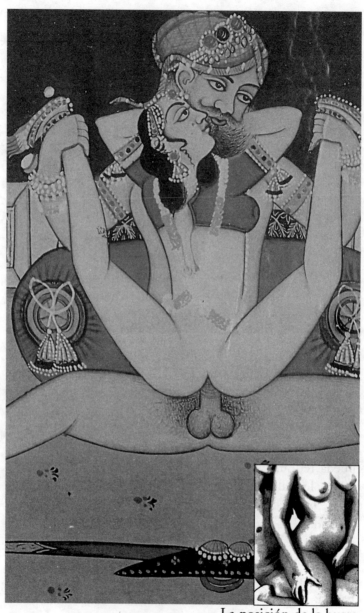

La posición de la burra

La posición elevante
La abierta
La prensante
La medio prensante
La abertura del bambú
La posición del cangrejo
La puesta del clavo
El paquete
El loto
La rotación

Sabemos que hay una negación total para efectuar la unión en el agua, aunque Subarnanbha dice que estas posiciones se pueden realizar en el agua.

La posición elevante

Cuando la mujer, acostada boca arriba, levanta los dos muslos enteramente rectos es *la posición elevante*.

Cuando alza sus piernas y las pone sobre los hombros de su amante es *la posición abierta*.

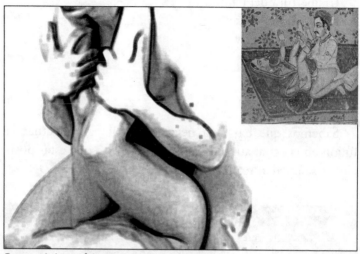

La posición abierta

La posición prensante

Cuando dobla las piernas sobre el pecho es la posición *prensante*.

Si la mujer extiende una pierna y pone la otra encima del hombro de su amante, y a continuación extiende la que está sobre el hombro y pone en el hombro la primera, es la posición que se conoce como *la hendidura del bambú*.

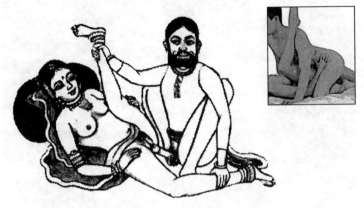

La hendidura del bambú

La puesta del clavo se realiza cuando la mujer extiende una pierna y la otra se pone sobre la cabeza del amante.

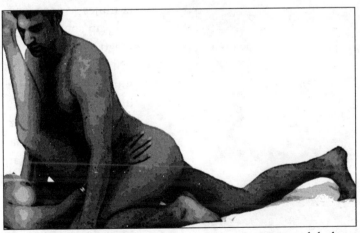

La puesta del clavo

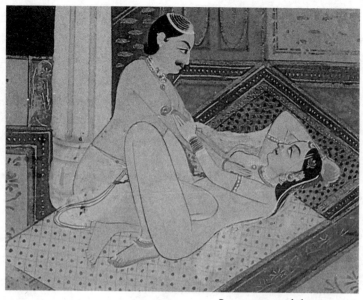

La postura del cangrejo

Es *la postura del cangrejo* si las piernas de la mujer se encogen y colocan sobre su estómago.

Si se levantan los muslos y colocan el uno sobre el otro, es *la posición del paquete.*

El loto es cuando las piernas se colocan una sobre otra.

Si durante la unión el hombre, sin separarse de la mujer, da una vuelta y la disfru-

La posición del paquete

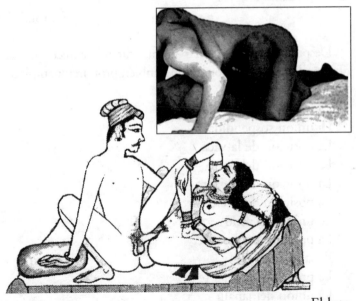

El loto

85

ta, es *la rotación*. Sólo la práctica constante permite ejecutar esta posición amorosa.

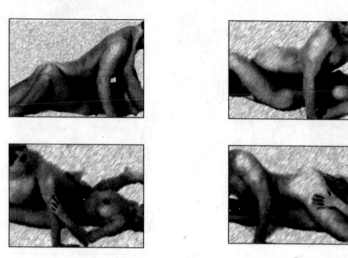

La rotación

Después de experimentar y practicar nos parece que hay que añadir otras posiciones que también proporcionan placer:

La unión apoyada
La unión suspendida
La posición de la vaca
La posición del perro
La posición de la cabra
La posición de la cierva
La unión del asno
La posición del gato
El salto del tigre
La presión del elefante
La unión del jabalí
La unión del caballo

De estas doce posiciones, las que reproducen las uniones de los animales sólo se aprenden con la práctica.

Se llama *unión apoyada* si un hombre y una mujer se apoyan sobre un muro y disfrutándose de pie finalizan la posesión.

Cuando el hombre está de pie y, recargado contra un muro, sienta a la mujer sobre sus manos unidas, y ella levanta sus muslos, apoya los pies en el muro para empujar y jalar su cuerpo, es *el acto suspendido*.

La mujer colocada en cuatro patas, como un animal, y haciéndose penetrar por un hombre-toro, ejecuta *la posición de la vaca*.

Todavía se puede aumentar el deleite de un hombre si se une con dos mujeres que lo aman con idéntico ardor. En este caso hay *unión total*. Pero si disfruta con muchas mujeres es la unión de *la manada de vacas*.

Del mismo modo se realizan las uniones de manadas de elefantas, cabras o ciervas.

Puede suceder, sea en un harén o con las cortesanas, que un hombre se encuentre en manos de varias mujeres.

Si esto pasa es posible que cada una disfrute en su turno o entre dos acariciarlo, en tanto que una usa la unión bucal y la última se vale del lingam.

En caso de que una mujer deba servir a muchos varones ofrecerá su yoni, su boca, sus dos manos y su ano.

La unión por el ano sólo es practicada por los que carecen de moral y se considera muy baja.

Diremos finalmente, y para sellar el tema de las posiciones, que corresponde a los amantes aumentarlas con inteligencia copiando a los animales. Ya que estos distintos tipos de unión realizadas de acuerdo con las costumbres de cada región y la imaginación de cada persona desarrollan, entre aquellos que las realizan, el amor, el afecto y el respeto.

Sobre los besos

Muchos, de los que han hablado eruditamente sobre los asuntos que hemos estudiado hasta este momento, aseveran que los besos siempre deben anteceder a la unión. Nos parece que este criterio es exagerado. En el goce todas las manifestaciones amorosas están consentidas, todas las costumbres de los amantes, sin que ello admita normas exactas.

Podemos afirmar que hay que ser prudente únicamente en la primera posesión y valerse alternadamente y sin alargarlos de los besos y otros estimulantes. Sólo se deben practicar los actos que indicamos en seguida, pues ayudarán a dar al goce mucho ímpetu y a repetir el deleite.

Se pueden besar:

La frente
Los ojos
Las mejillas
El cuello
El pecho
Los senos
Los labios
El interior de la boca

En la región de Lat, donde las mujeres tienen inclinación para el deleite y donde se ha pasado de generación en generación la tradición de los besos de Indra, los hombres besan el yoni, los muslos, el ombligo y las axilas.

Creemos que varios de estos besos están de más, ya que a veces provocan que la posesión misma sea innecesaria.

Con las jovencitas se deben usar tres tipos de besos:

El beso nominal
El beso palpitante
El beso tocante

La sencilla y rápida unión de las bocas es lo que se conoce como *beso nominal.*

Si la mujer frota con su labio inferior la boca del hombre es *el beso palpitante.* Aunque es beso poco decente.

Cuando una joven toca el labio de su amante con la lengua, cierra los ojos y toma apasionadamente sus manos es *el beso tocante.* Este es el beso de la entrega.

Otros escritores hablan de cuatro tipos de besos:

El beso recto
El beso inclinado
El beso girado
El beso apretado

El contacto total entre los labios de los amantes es *el beso recto.*

Cuando las cabezas de ambos amantes se inclinan una hacia la otra y de esta forma se besan es *el beso inclinado.*

Cuando uno de los amantes hace girar el rostro del otro, tomándolo de la cabeza y la barbilla y lo besa, es *el beso girado.*

Finalmente *el beso apretado* es cuando se aprieta con fuerza el labio inferior.

También existe una quinta forma de besar que se conoce como *beso considerablemente apretado.* Se realiza cuando el labio inferior del amante se toma entre dos dedos y se frota con la lengua. Después es apretado muy fuerte con los labios.

Para besar se puede jugar a ver quién se adueña primero de los labios del otro. En caso de que la mujer pierda, tendrá que poner cara de llorar, apartará a su amante con las manos, le dará la espalda y le pedirá la revancha.

Pero si es vencida por segunda vez, se pondrá triste y cuando su amante esté descuidado o soñoliento, ella se adueñará de su labio inferior y lo oprimirá con sus dientes de tal forma que no se le escape. A continuación bailará alrededor de él, se reirá y le hará bromas cordiales.

Se llama *beso superior* cuando el hombre besa el labio inferior de la mujer y ella, a su vez, hace lo mismo. Es el *beso opresor* si uno de los amantes retiene con sus labios toda la boca del otro. Sólo puede realizarse con un hombre sin bigotes.

Es el *combate de la lengua* si los amantes al acariciarse la boca, palpan su interior con la lengua.

Todos los besos pueden tener distintas características y, dependiendo sobre qué partes del cuerpo se emplean, los besos deben tener alguno de estos cuatro requisitos y ser: mesurados, es decir, leves; encogidos, es decir, muy pegados; apretados, es decir, muy apasionados; o dulces, es decir, muy largos.

Si una mujer observa el rostro de su amante durante su sueño y le acaricia los labios con la lengua se llama el *beso que incita al amor*.

El *beso que distrae* es cuando la mujer besa a su amante mientras éste se encuentra pensativo, o si lo regaña, o si lo distrae con alguna otra cosa.

Se llama *beso que despierta* cuando un amante regresa tarde por la noche a casa y besa a su dueña que está dormida en su lecho con el fin de hacerle saber su deseo. Para conseguir este beso la mujer simula estar dormida cuando su amante llega, de esta manera puede conocer su deseo.

Cuando se besa la imagen del amado reflejada en el agua, o en un espejo, se conoce como *beso que muestra la intención*.

Se denomina *beso transferido* cuando en presencia de la persona amada se besa a un niño, un cuadro, una estatua o un retrato. Si en algún sitio íntimo un hombre, en presencia de otro, besa un dedo o la mano de su amante es un *beso demostrativo*. Recibe el mismo nombre si la mujer, con el fin de encender la pasión a su enamorado, abraza su cuerpo y coloca su rostro sobre el lingam.

Para acabar con el tema de los besos, tenemos que afirmar que los amantes deben ser recíprocos en las muestras de cariño. Todo lo que uno de los amantes le haga al otro, éste debe devolverla. Haciendo esto los amantes logran que su cariño sea igual y que el amor en sus corazones no decaiga.

Sobre los mordiscos

Las partes del cuerpo que pueden ser mordidas son todas aquellas que pueden ser besadas, con excepción del labio superior, la lengua y los ojos. Sólo aquellos que tienen los dientes sanos, iguales, resplandecientes, con buen color, bien proporcionados, íntegros y sin rupturas, pueden practicar el mordisco en el amor.

Existen diversos tipos de mordiscos:

El mordisco escondido
El mordisco inflado
El punto

La línea de puntos
El coral y la joya
La línea de joya o collar de Indra
La nube rota
El bocado del jabalí

El mordisco escondido es el que no se conoce sino por el abundante enrojecimiento de la piel oprimida. En cambio si la piel se ve hundida alrededor de la parte mordida, es *el mordisco inflado*.

Si la parte de la piel mordida con los dientes es muy pequeña es *el punto*.

La línea de puntos es cuando se muerden con todos los dientes pequeñas secciones de piel.

Cuando se hace un mordisco con los dientes y los labios al mismo tiempo se conoce como *el coral y la joya*.

La línea de joya o collar de Indra es un mordisco que se hace con todos los dientes.

Si las marcas de los dientes, que son en forma de círculo, están disparejas por el espacio que hay entre ellos se denomina *la nube rota*.

El bocado del jabalí son las marcas que dejan los dientes con intervalos rojos. Estas marcas son consideradas como de pasión intensa.

Se pueden hacer el mordisco escondido, el inflado y el punto en el labio inferior. Cuando se besa en la cara se puede hacer un mordisco muy leve en la mejilla izquierda.

Están reservadas para las axilas y las uniones de los muslos la línea de puntos y la de joya o collar de Indra.

Un signo de gran pasión y deseo de gozar es cuando se muerde algún objeto que haya pertenecido a la amada. También se puede masticar, antes de la unión, una hoja de betel o de Tamala. Se dice que dan una sensación irresistible.

Sobre los arañazos

A pesar del peligro que representa, el amor muy vehemente involucra la práctica de los arañazos. Los arañazos son más intensos sobre todo cuando los amantes se reconcilian, cuando se van y cuando regresan de algún viaje.

Existen ocho tipos de presión con las uñas:

La sonora
La media luna
El círculo
La línea
La garra del tigre
La pata de pavo real
El salto de la liebre
La hoja de loto azul

Los lugares donde pueden realizarse los arañazos son: la axila, el cuello, los pechos, los labios y los muslos. Para algunos escritores todas las partes del cuerpo son buenas y adecuadas para el arañazo. Aunque las uñas siempre tienen que estar limpias, brillantes, muy firmes, enteras, curvadas y limadas.

Son características de los bengalíes las uñas largas, las de tamaño mediano del pueblo de Maharasthra y las pequeñas propias de los meridionales.

Se llama *sonoro* al contacto de las uñas que sólo provoca que el vello se erice sin dejar huella. Esta técnica es utilizada en las jovencitas por aquellos amantes que las desean excitar.

La marca hecha con las uñas en forma curveada que se deja en los senos y cuello se conoce como *media luna*.

Se llama *círculo* cuando dos medias lunas son marcadas una contra otra. Este arañazo se realiza, normalmente, en el ombligo, las pequeñas concavidades alrededor de las nalgas y en las uniones de los muslos.

Una marca causada cuando las uñas son apoyadas de punta es una *línea*. Si ésta es curva se denomina *garra de tigre*.

Una pata de pavo real se produce cuando se reúnen cinco uñas de una mano en círculo. Se necesita de mucha habilidad para formarla.

Si el seno izquierdo es marcado por las cinco uñas de la mano se forma *el salto de la liebre*.

Un arañazo en forma de *loto* toma su nombre del mismo modo.

Para hacer una marca de recuerdo se debe arañar en los muslos o en el pecho antes de la separación. Ciertamente, catalogar todas las formas que pueden inventarse con las uñas es imposible. Como obedecen al ingenio y la destreza resultan incontables.

Las mujeres casadas no deben ser marcadas con arañazos, excepto cerca del yoni.

El poeta afirma: "Cuando la mujer ve marcas de arañazos en su cuerpo, siente renacer y reverdecer su amor constantemente."

Si ha pasado mucho tiempo desde la última unión lo más seguro es que sin esas marcas de amor la pasión desaparezca.

En el momento en que un desconocido nota señales de uñas en los senos de una joven, se siente lleno de emoción y respeto hacia ella.

De la misma forma, un hombre que tiene rastros de dientes o uñas en algún lugar de su cuerpo, perturba e infunde pasión entre las mujeres, incluso puede enamorarlas de acuerdo con sus deseos.

Sobre las manipulaciones

Los abrazos de toda clase, las caricias y los besos que ya hemos tratado, son manipulaciones que incitan al amor. Sin embargo existen algunas que, dadas sus peculiaridades, es necesario comentar aparte:

El abrazo de los muslos
El abrazo de jaghana
El abrazo de los senos
El abrazo de la frente

Si los amantes se aprietan mutuamente los muslos es *el abrazo de los muslos*. Este es un contacto apasionado.

Cuando el hombre aprieta vigorosamente la parte media del cuerpo de la mujer contra la suya es *el abrazo de jaghana*.

El abrazo de los senos se hace cuando el hombre frota su pecho contra los senos de la mujer, por otro lado si el hombre aprieta contra su cuerpo la frente de la mujer es *el abrazo de la frente*.

Según algunos escritores los amantes deben masajearse mutuamente, dado que el masaje es igual a una caricia y un abrazo. Finalmente, se dice en viejos libros que la esencia del abrazo es la estimulación de la pasión, de esto resulta que tanto hombres como mujeres no puedan oír hablar de él sin inquietarse. Aunque existen diversas formas de rodear, tomar y detener el cuerpo amado, la auténtica norma está inspirada por el ímpetu, el deseo y la pasión de los amantes. Cuando el deseo ya se ha desatado y se ha vuelto vehemente, no hay otra cosa más que los deseos íntimos y el goce para inspirar a los amantes.

Quinta parte

Invocación

Tú que conduces a las parejas cuando van a unirse, sin más deseo que el de conseguir su goce, ¡oh Kama!, se propicio conmigo en este momento en el que quiero enunciar las verdades ocultas del goce y de la posesión parecida al aliento de los dioses.

Tú lo sabes, Kama: mil cosas humanas no hallan palabras humanas para ser declaradas. La esencia sagrada únicamente nos demanda que estemos presentes en los espíritus, y rebajar estos actos con palabras que pertenecen a los negocios o a las ocupaciones comunes sería blasfemia.

Kama, en este momento me encuentro frente a tus más sutiles misterios, es decir, los arrebatos de la pasión. Para que mis palabras toquen el corazón de las personas, ya que no hay nada nocivo en ellas, necesito ser iluminado por ti, Kama, ya que sin ti no podría hablar de amor.

Ya que el amor no es únicamente amar, sino reproducir el anhelo por la obtención del absoluto, en el cual se encuentra el origen de todo.

Del placer fuera
de la posesión

> ⪢ ∙ I ∙ ⟨⟩ ∙ ⊙ ∙ ⟨⟩ ∙ I ∙ ⪡

I

Cuando hablé del deleite pretendí ayudar a entender lo que éste tiene de enigmático y sagrado. Pero si la posesión, que es la penetración del yoni por el lingam, es el principio del placer, es un error pretender que sea una norma imprescindible e inevitable.

No hay una sola forma de obtener el placer y su realización, ya que éste es un prodigio espiritual que sacude las más elevadas tareas del alma.

Efectivamente, se puede comprobar que el deleite, sin lugar a dudas, es originado por un contacto amplio, específico e invariablemente exclusivo sobre numerosas zonas del lingam y del yoni; por esta razón, son nombradas partes de Kama. En comparación con todas las otras partes del cuerpo la grandeza de estas partes es más elevada y espléndida en nobleza.

Estas partes juntas constituyen un área un poco más pequeña que el hueco de una mano. Se encuentran ubicadas sobre el lingam del hombre y en la orilla del orificio que el yoni tiene en su interior. Desde tiempos remotos, hemos tomado el hábito de llamarlas así: las *anadeschah,* en el hombre adulto, y las *dedeschah*, en las mujeres.

100

Cuando se recorre el cuerpo de un hombre pensando en la posibilidad de proporcionarle el goce del amor, según enseña Kama, es necesario tener en cuenta:

Las dos líneas que definen el área del placer permitido, cada una de ellas nace en cada dedo gordo y se reúnen en el ombligo.

El hombre siempre tiene que estar viendo hacia el oriente.

En caso de que el hombre esté formado de tal modo que su lingam sea un palmo más grande que un lingam de una estatua dedicada a Kama, la mujer que desee proporcionarle deleite tendrá que suplicar al dios del amor que no consienta tales exuberancias sino por motivos secretos.

II

¿De qué manera pueden, el hombre y la mujer, suministrarse placer sin unión? Únicamente por medio de manifestaciones cuyo punto de unión siempre será la parte del lingam y del yoni.

Se llama *Idiahavias* a estos juegos o manifestaciones; este nombre quiere decir que, por los medios que se emplean, son artificiales, y por el propósito que buscan, naturales. No todos estos métodos son aprobados por Kama. Este es el caso de la unión de Serinya —nombrada así por el nombre de una región en donde esta unión es común— en la cual los amantes forman un ángulo recto. Kama ha decretado que los dos cuerpos siempre deben estar unidos en el mismo sentido durante la posesión.

Existen diez y nueve tipos de *Idiahavias*, que son:

El *Auparistakha* o beso simple

El beso simple inverso
El beso doble o unión del cuervo
La unión manual
La unión superficial
La unión por las corvas
La unión a la distancia
La unión por los senos
La unión por los pies
La unión por las axilas
La unión por el acercamiento
La unión por la vista
La unión por el beso de las palomas
La unión por la ausencia
La unión exterior
La unión de la garra
La unión de la espera
La unión muda
La unión de las heridas

En cualquiera de sus dos formas, el beso simple o *auparishtaka* es el más utilizado, principalmente en el Penjab, donde, gracias a Kama, las mujeres y los hombres están provistos de una habilidad y un refinamiento exclusivos.

Esta forma es la favorita y está propagada por todo el mundo, porque las otras formas de *Idiahavias* demandan mucha atención por parte de los amantes y quita una parte de su capacidad de deleite.

El beso simple o *auparishtaka* es realizado habitualmente por los eunucos y amigos muy íntimos y es una unión por la boca u oral.

Los eunucos que se han vuelto expertos en esta unión, normalmente se visten de mujeres y toman todos sus ademanes: la voz, el recato, la gentileza, la inquietud y los gestos.

Cuando se mueven entre las mujeres, si su lingam todavía se ve, no evitan nunca enseñarlo y fingen procurarse un gran goce.

Cuando la mujer se enoja por estas acciones, ellos se disculpan como si hubieran tenido un momento de demencia bajo la influencia de Kama, frente al espectáculo del sendero de hermosura que se muestra ante su mirada. De este modo apaciguan a la mujer que se había indignado.

Sin embargo si la mujer accede, tendrá que evitar decirlo, únicamente se tocará la punta de los senos con la mano.

Esta señal será suficiente para que el eunuco sepa que ha sido aceptado para efectuar la unión oral. Entonces alzará suavemente los vestidos de la mujer y, susurrando dóciles palabras de admiración, se arrodillará e implorará a Kama que le permita dar goce.

El eunuco se opone a que lo miren cuando se encuentra delante del yoni, y demanda que la mujer cierre los ojos; después comienza a reír y toca ligeramente el *jagdana* con sus dedos colocados en círculo.

Si la mujer habla en ese momento, el eunuco aparenta estar molesto, pero si la mujer guarda silencio y cierra los ojos, el eunuco acerca sus labios al yoni y lo besa como si fuera un esposo que besa a su esposa.

A continuación, abre los labios del yoni y sujeta entre sus dientes el diminuto botón que está arriba. Lo oprime y se esmera en inducir una sensación de dolor, pero se detiene en el momento en que la mujer gime.

Después, introduce su lengua en el yoni, la sacude y mueve hasta que nota que los miembros de la mujer se relajan, hecho que advierte sobre el goce. Es en ese instante cuando una vez más sujeta el pequeño botón, lo muerde y lo oprime entre los labios mientras lo acaricia suavemente con la lengua.

No está vetado que los eunucos acaricien, con sus manos, los senos o las caderas de la mujer durante el *auparishtaka*, pero todos los antiguos eruditos han considerado que esta añadidura es inservible, dado que quita el interés y resta deleite. La excepción se encuentra en el caso del marido, quien puede realizarlo con su mujer. Como es inadmisible creer que estos besos no aumenten el deseo, el esposo deberá ensayar, para recibir goce, el *beso doble*.

Este beso suele ser practicado entre las mujeres, pero no es aprobado por Kama, excepto para lograr el deleite junto con el esposo.

Del mismo modo en que el *auparishtaka* o unión por la boca, en la cual el hombre es pasivo, permite ser practicado en una situación idéntica.

También los eunucos son los que se dedican a esta práctica. Asimismo en algunas regiones de la India sustituyen a las cortesanas, las cuales, en algunas ocasiones, son forzadas a buscar el amor entre ellas.

Si un hombre apetece que se le realice el *auparishtaka*, tiene que ir a una casa de baños o a algún establecimiento especializado en donde trabajen masajistas. Al revés de como ocurre con las mujeres, aquí no es necesaria la aprobación, ni siquiera muda. Lo más que puede suceder es que el masajista que inicia la unión no sea del agrado del cliente, entonces éste le ordenará ejecutar la unión mucho más rápido. El eunuco o masajista entiende el mensaje y en ese momento se retira, entonces otro masajista, o eunuco, se presenta inmediatamente.

El eunuco o masajista —habitualmente son lo mismo— se aproxima con la mirada baja, aspecto travieso y pavoneándose. Se ubica enfrente del hombre que espera su trabajo y con un veloz vistazo averigua si el lingam está erecto. Simultáneamente, con la finalidad de que sus caricias adquieran todos los tonos que sean necesarios, reza a Kama. Puesto que el cliente no contesta, mueve el lingam, y viendo todo el tiempo al cliente, lo acerca a sus labios e inicia la unión oral.

Esta unión requiere la utilización de ocho ejercicios:

El enlace nominal
El mordisco
La toma por afuera
La toma por adentro
El beso
El pulimento
La succión del mango
La deglución del plátano

Estos ocho ejercicios se deben realizar de forma consecutiva, y si el eunuco es muy diestro en su trabajo, el placer se obtendrá antes del octavo.

Además tiene que existir una pausa entre uno y otro.

Enlace nominal. Consiste en ubicar la punta del lingam entre los labios y acariciarlo suavemente.

Esto tiene que hacerse hasta conseguir que el lingam alcance cierta firmeza, la cual avisa que el hombre es presa de un deseo muy grande y ansía ser complacido.

El mordisco. En ese momento el eunuco, agarrando el extremo del lingam con sus dedos en forma de círculo, mordisquea levemente la parte que está frente a él, a continuación la que se localiza del otro lado, pero nunca debe morder ni a la izquierda ni a la derecha.

Este ejercicio no se debe detener ni aun cuando el hombre indique que es doloroso.

La toma por afuera. Esta es una absorción impetuosa del lingam que tiene que hacerse con los labios, los cuales tienen que envolver la extremidad. Para realizar la toma por afuera se necesita mucha destreza, comúnmente se efectúa con hombres cuya amante es indiferente, y en los cuales el estar pensando constantemente en sus problemas impide que tengan completo deleite. Si este es el caso el eunuco se enoja y se lamenta tristemente, ya que se le despoja del goce al que tiene derecho.

La toma por adentro. Ésta se hace cuando el lingam se introduce muy hondamente en la boca, contenido por los labios. Ciertos hombres, de fantasía apasionada y que no toleran esta opresión, se quejan, lo que fuerza al eunuco a pasar inmediatamente al beso.

El beso. Este es un descanso que tiene como finalidad retrasar el goce. Se realiza dejando el lingam y palpándolo suave y velozmente por todos lados con los labios, excepto sobre la parte anterior, en donde cualquier roce podría provocar el placer instantáneo.

El pulimento. Ésta es una caricia que se hace velozmente y en forma circular con la lengua. Las zonas más receptivas del lingam se modifican de acuerdo con el cliente y únicamente un eunuco muy instruido en este oficio puede diferenciarlas. Aquí podemos afirmar que cada hombre tiene su punto sensible en el lingam.

La succión del mango. Este ejercicio inicia cuando por el temblor de los muslos (movimiento en el cual el eunuco fija su atención), se anuncia el deleite. En este momento el hombre tiene tendencia a separar las piernas. El eunuco introduce el lingam en su boca y lo chupa impetuosamente. Cabe señalar que el sitio que la lengua tenga juega un papel primordial para conseguir el placer. Efectivamente la succión se puede volver dolorosa, si la lengua se encuentra recogida. Es habitual que en este momento se expulse el *kamasalila*.

La deglución del plátano. Se realiza cuando el engrosamiento y el movimiento del lingam lo revelen, entonces el eunuco introduce completamente el lingam en su boca y hace como si lo engullera.

El *auparishtaka* es realizado por aquellas mujeres que quieren dar muestras de un ímpetu feroz a su marido. Del mismo modo los esposos intentan, por medio de esta táctica, inquietar a las esposas muy indiferentes. Para Kama esta unión es de mucha ayuda para preparar la posesión.

A veces las cortesanas son aún más diestras en este tipo de unión que los eunucos. Una gran cantidad de ellas contraen nupcias con hombres acaudalados y distinguidos que han sido cautivados por estos métodos. También se sabe que las cortesanas muy diestras han logrado que algunos eunucos emitan *kamasalila* viril, siempre y cuando éstos aun tuvieran su lingam entero.

No se deleitan con el *auparishtaka* los hombres de la India Occidental y del Belutchistan. Por el contrario, a los del Punjab les encanta esta unión y aun más en el momento en que se transforma en el beso doble.

Si la unión oral está autorizada a los brahmines y si puede ser efectuada por personas con importantes cargos oficiales, es un tema que se ha tratado extensamente. Pero los textos sagrados se muestran indecisos. Aunque las más reverenciadas imágenes de nuestros santuarios se encuentran realizando esta unión. Sin embargo es cierto que, hace ya muchas centurias, en Belutchistan un rey, que había sido mordido por una de sus mujeres, prohibió el *auparishtaka*. Las mujeres que están en los harenes, realizan todas las caricias del *auparishtaka* masculino y se besan entre sí el yoni. Estas prácticas están autorizadas —esto se debe a que la satisfacción de sus deseos sería muy difícil— ya que aplacan los ardores de las mujeres que, de otra forma, se volverían locas si únicamente pensaran en Kama. También si se quiere evitar el riesgo que suponen los eunucos entre mujeres anhelantes de pasión, es recomendable que aquellos que están reservados para el harén sean castrados no sólo de los testículos sino también del lingam.

Ciertas mujeres de linaje y muy distinguidas renuncian a su marido y a su familia por el delirio que tienen por esta clase de unión y se las ha localizado habitando con *cornacs* o parias. Por su parte los hombres también son víctimas de la misma pasión. Se dice que un rey de Akila se hizo pastor después de dimitir a su corona y a sus riquezas. Hizo todo esto para poder deleitarse, sin ningún problema o impedimento, con el *auparishtaka* que una muchacha muda le proporcionaba y cuyo único talento era darle ese gran goce. Sea como sea, yo me reservo la mesura —como otros lo hacen— de estos ejercicios, pues mientras uno reconozca en ellos la labor directa de Kama no deben ser malas. Los dioses no permitirían hallar deleite en el *auparishtaka* si no fuera placentero ante los ojos de Kama.

El placer es un don de Kama, no me cansaré de repetirlo, y es la evidencia de que el espíritu que nos domina en nuestra marcha por el mundo existe. En donde el goce no existe, todo está dominado por el sufrimiento y el llanto. Hay alegría en donde el deleite surge naturalmente, muestra evidente del amparo divino.

El beso simple contrario. Se ejecuta con los dos cuerpos tendidos en sentido inverso. Si los integrantes no quieren procurarse placer mutuamente esta unión puede presentar ciertos problemas. No obstante, un hombre completo no puede proporcionar el mismo placer que da un eunuco. Sólo la gente pervertida y degenerada practica esta unión.

El beso doble. Esta unión sí es normal y también es conocida como la unión del cuervo. Entretenido cada amante —es indispensable que estén enamorados— en besar y acariciar con su boca el sexo del otro ejecutan, de esta forma, una de las posiciones más insignes de la inspiración de Kama. En el comienzo, antes de la concepción de los hombres, era así como los semidioses preñaban a sus mujeres.

El riesgo que implica la unión del cuervo es que los enamorados finjan el amor en su propósito de dar y recibir deleite por este método.

Se cuenta que algunas mujeres prestigiosas, cuya memoria nos ha llegado gracias a la historia, únicamente han sido amadas por el ímpetu que infundían al realizar el beso doble.

Estas acciones tienen que ser duramente censuradas. El beso doble no tiene que ser el único propósito ni el único resultado del amor entre los cónyuges. El auténtico fin es la reproducción por el deleite. La inspiración de Kama es variada y por eso esta unión es una de las rutas del goce que parecen alejarse de la reproducción. Nuevamente es preciso persuadirse.

III

La unión manual. Esta forma es común entre los muchachitos tímidos que, inflamados de pasión, no se aventuran a visitar a las cortesanas ni a probar el amor con los jóvenes de su misma edad. De ese modo obtienen el hábito de procurarse goce a sí mismos sólo utilizando las puntas de los dedos, o utensilios, o pedazos de telas escogidos para tal efecto con los cuales se dan pequeños toquecitos. Pero cuando llegan a edad madura piden a sus esposas, o a los amigos o a jovencitos vestidos de mujer, aquel trabajo manual, esto lo hacen porque recuerdan aquellos deleites de juventud y es ese recuerdo el que los lleva a solicitarlo. No se trata de aceptar esta práctica como normal, aunque nadie impide a una mujer complacer de esta forma a su marido si sólo encuentra a Kama por ese camino.

IV

La unión superficial. En esta, a diferencia de la unión manual, se utiliza toda la mano.

Esta unión ha sido rigurosamente calificada como pervertida por los eruditos. No obstante, yo considero que la mujer que quiera dar a su esposo una muestra de mucho cariño, que ayude a que éste la quiera aun más, puede efectuar la unión superficial de acuerdo con los acontecimientos y en los momentos de agotamiento.

En este caso, como en todos los asuntos de Kama, es preciso valorar —como siempre lo hacen los justos— que el objetivo inherente del amor es fundamental y transfiere su naturaleza a todos los actos que implica.

Para hacerse amar y como resultado dar al marido el goce que lo ligue a ella, y evitar que éste vaya a buscarlo entre cortesanas y eunucos, una esposa virtuosa debe realizar todos los actos que den deleite a su dueño y a la vez esclavo. Aunque es necesario señalar que no se trata de hacer que estas uniones se conviertan en las únicas prácticas que compongan los honores a Kama. Si este es el caso se volverá una unión abominable.

En resumen, las circunstancias, el tiempo y las costumbres de los individuos se consideran como excusas.

V

La unión por las corvas. Esta es una manera de divertirse que puede ser muy provechosa si se quiere revivir un deseo casi muerto. Doblando la pierna a la mitad, la mujer forma en su corva una especie de cruz en la cual se tratará de introducir el lingam. Una mujer dotada de esta habilidad que enseñan nuestras bayaderas, puede de esta manera dar placer a su dueño. Yo, Vatsyayana, no recomiendo a todo el mundo este difícil ejercicio. Sin embargo la utilización de esta unión tan insólita puede retener al marido junto a la esposa cuando, estando cerca de ella, ansía ir donde las diestras cortesanas revivirán su deseo por Kama. Por lo menos le dará muestras de que sus recursos no se han acabado.

A las cortesanas no les gusta efectuar esta unión porque, según la creencia popular, provoca invalidez o parálisis.

La unión a la distancia. No es realizada más que por los amantes muy apasionados en cuya alma rige Kama. Por ejemplo, será suficiente, si se encuentran apartados y sin oportunidad de unirse, que se miren a la distancia y se enseñen mutuamente el lingam y el yoni.

Esta observación es suficiente para suministrarles deleite sin contacto alguno, pero sólo entre aquellos amantes en los que la pasión tiene una energía suprema.

Los antiguos eruditos afirman que, sin duda alguna, la unión a la distancia es sagrada. Observar el yoni de la mujer a la cual se ama, a metros de distancia, no consigue originar el placer si no es por un esfuerzo de la mente que hace sentir al amante, en el instante preciso en que lo mira desde lejos, que penetra ese yoni con su lingam.

Del mismo modo la mujer que mira amorosamente el lingam del hombre que ama, imagina que su yoni lo recibe en ese momento. Según muchos, la búsqueda de una fantasía puede llevar a la demencia. En lo que a mí respecta, considero que las posibles secuelas de todas estas prácticas son exageradas y que siempre son agradables a Kama porque dan deleite.

De cualquier manera, los amantes capaces de realizar la unión a la distancia y encontrar placer por la vista son escasos.

VI

La unión por los senos. Cuando la menstruación hace inaccesible el yoni, se utiliza esta técnica que se conoce desde los tiempos más antiguos. Para realizarla la mujer tiene que unir y cerrar sus senos alrededor del lingam, el cual, estando así, se encuentra como dentro de un envoltorio de carne. La fricción puede causar el deleite. Pero, a mi juicio, la utilización de los senos es reprochable, ya que puede reblandecer las formas y marchitar la flor, y porque es una unión que carece del respeto mutuo que se deben tener los amantes si en verdad se quieren. Además es un ejercicio que está pensado exclusivamente para complacer los ardores masculinos, y porque es una técnica sin ninguna de las sutilezas que precisan las leyes de Kama.

VII

La unión por los pies. Ésta es igual a la unión por las manos. Muchas mujeres son tan hábiles con los pies que son capaces de efectuar todas las caricias que realizan las manos. Por supuesto existe la misma probabilidad de efectuar todas las caricias que usa la mano utilizando los pies, pero éstos tienen que ser ligeros y suaves.

Se afirma que únicamente las sacerdotisas de Kama (*Devadassi*) son instruidas para este efecto. Es preciso destacar que las demás mujeres no se entregan a esta unión excepto en algunas ocasiones, y que su destreza resulta limitada, por lo cual necesitan de añadiduras.

VIII

La unión por las axilas. Es similar a la unión por las corvas y se realiza de la misma forma. Únicamente la práctica constante permite realizar esta unión si se quieren obtener los resultados deseados, es una forma de Kama que no es viable a todas las mujeres.

En el norte de la India hay una secta cuyos integrantes únicamente realizan la unión por las axilas, aunque tres veces realizan posesiones carnales con el fin de engendrar.

También se dice que las mujeres pertenecientes a esta secta son mucho más fuertes y dinámicas que los hombres.

Tal vez sea por esta razón que, consumidas por una unión que requiere de una gran energía nerviosa, lleguen a su muerte más rápido.

IX

La unión por el acercamiento. De esta unión se obtiene un inmenso goce y es realizada por los amantes o esposos que quieren observarse.

Primero se ubican a cierta distancia, de tal manera que

113

puedan tocarse con la punta de los dedos, con los pies o con otras partes del cuerpo. Después se tienen que esforzar para incitar, en su compañero, el goce, acercándose únicamente por medio de un miembro, y variar los contactos sin detenerse. Normalmente el acto concluye en el cabello de la mujer.

La unión por la aproximación es uno de los más nobles actos que hay en el norte de la India. Las mujeres del sur y las del oeste se desviven por aumentar los deleites del placer con los de la vista. Yo he escuchado decir que aquellas mujeres que llevan a cabo esta práctica y la convierten en un hábito acaban por desilusionarse, ya que es necesario tener una especie de inspiración natural.

X

La unión por la vista. Esta clase de unión ha ocasionado que los eruditos de todos los tiempos escribieran una inmensa cantidad de observaciones sobre las prácticas amorosas. ¿Tal vez esta unión se confunde con la unión por acercamiento? Algunos lo aceptan, aunque otros aseveran que en la unión por acercamiento únicamente la mente está en operación.

De esto se concluye que, restando la fuerza de la mente, la unión por la vista es una forma de unión específica.

Los amantes que realizan la unión por la vista no se encuentran distanciados y también pueden unirse de otra manera. Sólo quieren mirarse, e incrementar su ardor por medio de la incitación de sus movimientos, los gestos y el olor de los órganos que desean unir. Los esposos o amantes se colocan de tal manera que puedan verse. El hombre observa el yoni; la mujer, el lingam. Todo esto se hace sin que ellos tengan contacto hasta que todo concluye naturalmente.

114

Se cuenta que el famoso rey Aureng Zeb, soberano de los países fronterizos, no utilizaba otro tipo de amor que no fuera la unión por la vista. Enfrente del rey se colocaban doce mujeres y Aureng ordenaba decapitar a aquella que no alcanzaba el deleite al mismo tiempo que él, o lo alcanzaba después. Es razonable, lo reconozco, que el amor de un rey tan grande sea capaz de inspirar a sus esposas una pasión tan grande que la simple visión de su lingam —así fueran mil las esposas— fuera suficiente para darles placer con sólo mirarlo.

XI

La unión por el beso de las palomas. En este caso el placer se consigue sólo por el beso en la boca. Es muy conocido que este beso lo único que se necesita para inducir el placer a los órganos. Lo característico de esta unión es que la aparición del placer no debe darse por ningún otro medio. Se unen las bocas y las lenguas se mueven al contacto que hay entre una y la otra, esto normalmente basta para que los amantes o jóvenes maridos alcancen el deleite.

XII

La unión por la ausencia. Ésta demanda un gran poder de la mente y únicamente la casta de los brahmines la puede realizar. Básicamente se necesita en recordar la imagen de la persona que en ese momento se encuentra ausente y alcanzar, sin ninguna clase contacto, los productos del goce. Los que aman desenfrenadamente, a diferencia de los que mantienen un deseo dudoso y frágil, alcanzan este objetivo.

Cuando se recuerda hay una clase de mundo en el cual no existen ni el tiempo ni el espacio. Realmente, se consuma la unión, no sólo con el recuerdo del ser amado sino con un doble suyo.

XIII

La unión exterior. Se parece a la unión por la ausencia, pero se realiza cuando los amantes están en contacto. Los amantes tienen que evitar todo aquello que pueda estimular a los órganos sexuales y deben contentarse con besos apasionados, efectuados de acuerdo con todas las normas que ya se han mencionado. Estos besos producen en el cuerpo un estado suficientemente apasionado como para que las sensaciones del deleite se aparezcan naturalmente. Existen mil y un formas de cambiar y acercar la unión exterior a la unión normal. Son muchos los que, sin unirse carnalmente, conceden su cuerpo a mujeres diestras y viciosas que ejecutan un tipo de unión escueta, para que el hombre conserve el poder de abrazarse y de hablar apasionadamente durante ese tiempo. En este caso es necesario que los amantes estén preparados para no irritarse por las palabras y los besos. Normalmente esta unión se efectúa por el *auparistakha*. Esto sucede porque es realizada por amantes demasiado apasionados, los cuales se hacen auxiliar por cortesanas.

XIV

La unión por la garra. Esta unión es de tipo manual y consiste en que los amantes, usando únicamente las uñas, se den atenciones apasionadas, caricias y juegos con los dedos y las manos. Aunque esta unión pueda parecer a simple vista sencilla y al alcance de todos, requiere conocimientos sumamente finos sobre las zonas en que puede provocarse el goce al contacto con las uñas.

Es poco común que los dos amantes sean igualmente hábiles en esta técnica, por lo cual lo más común es que alguno de los dos termine más complacido que el otro.

Desde hace mucho tiempo los eruditos han clasificado esta técnica dividiendo todas sus formas y procedimientos. Se considera que todo esto se justifica por la inagotable variedad de puntos sensibles que existen en los órganos sexuales y por la dificultad de establecer en principio sus niveles de excitabilidad.

XV

La unión de la espera. Este es un acto inmóvil que demanda de los amantes una gran fuerza de voluntad pues, como es sabido, existe un tipo de impulso natural que, cuando estamos con el ser amado, ayuda a que cada uno de nosotros se mueva de acuerdo con el ritmo especificado por Kama.

De este modo la unión de la espera deja que el deleite aparezca en una tensión quieta que sólo les es posible dominar a aquellos que han obtenido, con la práctica de sus obligaciones religiosas, una fuerza de voluntad total. Esta unión se encuentra entre las que el deleite es más intenso, más pausado y más delicado siempre que esté bajo estas condiciones. Tanta es la energía que se utiliza para dominar el impulso de moverse y dejar que el placer llegue y se apodere de ambos, que se afirma que numerosos amantes se desmayan.

Esta unión es mencionada por los antiguos escritores como la unión de la muerte.

XVI

La unión muda. Esta unión sirve para que aquellos que consuman la unión de la espera concluyan la del silencio. En comparación con todas las demás uniones, ésta es la más difícil y agotadora. No se recomienda a los jóvenes ya que podrían llegar a un excesivo cansancio, esto se debe a que es extraordinariamente egoísta, durante esta unión, no concentrar el pensamiento en el ser amado. Por el contrario, después del estremecimiento de los órganos sexuales, es necesario llenarse de pensamientos religiosos que, en esos momentos, se vuelven dolorosos, angustiantes y capaces de llevar a la muerte.

XVII

La unión de las heridas. Es la unión que sólo se consiente a los amantes de dos castas distintas y logra circunstancias similares a las de un sacrificio.

Consiste en hallar goce después de haber descarnado los contornos más sensibles de los órganos sexuales.

La combinación del dolor con el goce constituye el valor sagrado y divino del acto, pues se debe realizar una auténtica unión de las partes laceradas.

Las heridas que se hacen normalmente son dos cortaduras sobre los labios del yoni y el desprendimiento de un pequeño trozo de piel en la base del lingam, o sobre el surco que separa las dos partes que lo forman.

Como la sangre es un impedimento para el deleite, es preciso que las heridas se hagan, cuando menos, con dos horas de anticipación con el fin de que no sangren durante el acto.

La unión por las heridas es uno de los rituales más apreciados durante los sacrificios que realizamos en el norte de la India para las ceremonias anuales... las mujeres *meriah* son quienes las ejecutan.

A continuación se explica cómo se practica: La meriah es amarrada con sogas sobre un tapiz bendecido. La inmolación debe durar ocho días y cada día uno de los sacerdotes le hace dos cortadas en el yoni y una en el lingam del hombre. E inmediatamente después de cumplir con Kama se va. No es sino hasta el noveno día que el sacrificio mortal se realiza.

Se menciona el caso de una meriah de Kobulothra, en la región del Tibet, que gracias una tempestad mandada por Indra para salvarle la vida no fue sacrificada, y a los nueve meses parió a tres gemelos. Estos gemelos llegaron a ser reyes gracias a las guerras e insurrecciones, lo que demuestra que la unión por las heridas con las meriah es un honor especialmente estimado por los dioses.

XVIII

Los objetos que reemplazan al lingam son aquellos que toman la forma del órgano masculino y que las mujeres utilizan cuando se encuentran solas, o con otra mujer o cuando su pasión es difícil de complacer por el hombre.

Se llama *apadravyas* a los sustitutos del lingam, así como a las imitaciones del yoni, pero la utilización del último es tan inusual que, personalmente, nunca he visto alguno ni he escuchado que alguna persona viviente lo mencione.

Los *apadravyas* masculinos son utilizados normalmente en los harenes. Habitualmente las mujeres amarran con correas este falso lingam a la altura en que lo tiene el hombre y con él penetran a sus compañeras.

Estos objetos se fabrican con caucho muy blando o cuero. Hay casos de eunucos que, destrozados por haber sido despojados de su lingam natural, disfrutan de las mujeres por medio de un *apadravya* escondido diestramente, de tal suerte que las mujeres desconocen el engaño.

Sexta parte

*I*nvocación

Mientras poseamos el deseo de reencontrar el deleite y las bellas formas de la sensualidad —oyéndome— pueda Rama ayudarnos y purificarnos.

Con un pensamiento semejante a un lienzo blanco Parvati nos habrá envuelto.

Y tú, el placer y el deleite, Kama, afirmarás que es justo ver dichosos a aquellos que te sienten y merecen la felicidad.

Tú, Kama, que alejas la desdicha y das al espíritu la serenidad que corresponde a la prudencia, tú que infundes el deseo y socorres a los enamorados para alcanzar un grato final.

Ayúdame a enseñar a los hombres esta sección de un libro que no intenta nada más que exponer los criterios de la felicidad.

¡Oh, Kama! No existe deleite alguno que se iguale a la dicha de sentirte, pero cuando tú muestras tu sonrisa bienhechora es aun mejor.

Y es a ti, de entre todas las satisfacciones humanas, a quien los hombres deben el descubrimiento del amor.

Los varones encuentran a las mujeres deseables y hermosas, y los hombres y las mujeres contraen matrimonio para gozarse.

Pero con demasiada frecuencia los esposos no saben disfrutar de aquello que es suyo, ya que desconocen todo lo que yo voy a explicarles, y la *Kama Sutra* será para ellos el descubrimiento de la dicha.

La obligación del marido es dar a la esposa todas las satisfacciones del placer, y tú, que me oyes, debes saberlo. Podremos ir, sin más reencarnaciones, a descansar al seno del infinito y del absoluto cuando ella alcance el clímax del goce.

Acerca del matrimonio

En el momento en que una muchacha virgen y de la misma casta contrae matrimonio, de acuerdo con las normas de la Sagrada Escritura, los resultados de esta unión serán: un amor perfecto que conducirá a la dicha, la obtención de virtudes fundamentales y el incremento de la cantidad de amigos.

Para que tal felicidad sea conseguida es necesario conocer las normas del matrimonio.

Es indispensable que la novia sea sana (al igual que sus padres), de una buena familia y deberá ser tres años menor que su prometido.

También deberá ser hermosa, bien formada, que le halla sido vaticinado un destino feliz y que sus rasgos físicos sean de buen augurio. Su salud deberá ser excelente. Su dentadura, uñas, orejas y ojos deberán ser uniformes, de forma justa y atractivos.

El prometido debe poseer las mismas virtudes y aunque una joven que no sea virgen, realmente pueda hacerlo feliz, no se aconseja que contraiga matrimonio con ella.

Cuando un casamiento se anuncia es necesario persuadir a la novia de la utilidad y los beneficios de contraer matrimonio con quien la pide. Para conseguir esto, los amigos del interesado, frente a la novia, insistirán mil y un veces sobre las virtudes de aquel que perecería —se debe decir así— tan sólo por verla al lado de otro hombre. También presagiarán la prosperidad, fortuna y cientos de satisfacciones que esperan a la próxima pareja. Además de inducirle celos.

Pero el hombre, por su cuenta, se manifestará discreto y prudente en la selección de su novia. Hay muchos tipos de mujeres que se deben evitar:

La que se oculta
La que tiene un feo nombre
La que tiene la nariz hundida
La que tiene la nariz grande
La que tiene complexión masculina
La que es encorvada
La que tiene las piernas torcidas
La que tiene la frente grande
La que tiene calva
La que no ama el decoro
La que ha tenido relaciones sexuales con otros
La que tiene problemas glandulares
La que está desfigurada
La demasiado grande
La que tiene amigos
La menor de las hermanas
La que suda

No obstante, pese a estas consideraciones, lo principal es que aquella sea en realidad a quien se ama.

Si una jovencita se encuentra en buenas condiciones para casarse, sus padres deberán ataviarla coquetamente y atender cordialmente a los que se presentan a proponerle matrimonio.

Las reuniones sociales no son malas, pues son una buena ocasión para que el futuro marido se ponga en contacto con los padres de la joven.

Se llama alta alianza cuando un hombre, después de haber contraído matrimonio, se ve obligado a servir a su esposa; tal alianza es reprobada por las gentes de bien.

La unión de un hombre que usa a su esposa como a una esclava se conoce como baja alianza y es censurable. Si no existe igualdad entre los esposos, no existe matrimonio virtuoso.

Cuando, según los ritos religiosos, la boda se ha efectuado, el hombre y la mujer estarán unidos. No obstante, antes de los diez días que siguen a la ceremonia, deberán evitar tener contacto sexual, pero se darán constantes muestras de afecto y cariño.

Escucharán música, se acariciarán sutilmente, se ducharán y comerán juntos durante siete días.

Pero sólo será hasta el décimo día, pues hasta ese día está permitido, que el esposo empezará a seducir a la esposa y se aconseja que lo haga con sutileza, lentitud y cuidado.

Abstenerse de contactos sexuales inmediatos es lo más importante, pero no de cariños y gestos de afecto.

La primera unión o la desfloración

Algunos escritores afirman que antes de desflorar a su mujer el hombre tiene que aguardar veintiún días. Nosotros pensamos que ese periodo es demasiado, ya que la joven, viendo que su marido actúa durante tanto tiempo como un eunuco, podría llegar a menospreciarlo.

Los matrimonios muchas veces se vienen abajo y se origina un rompimiento entre los esposos porque los primeros contactos sexuales se realizaron sin cautela.

Por esta razón es preciso que el hombre, primero que nada, se gane la confianza de la esposa. Para empezar la tomará tiernamente entre sus brazos, intentando averiguar de qué forma le gusta más a ella. Si la esposa es muy recatada, lo hará en la penumbra. Después le proporcionará una hoja de betel para que la muerda y jugarán a romperla, este juego le dará la oportunidad de besarla en la boca.

Si la joven se niega, se arrodillará, ya que rara vez una mujer se opone a un hombre hincado a sus pies. Cuando se llegue a este punto tendrán que conversar sobre asuntos triviales. Si ella se niega a hablar, habrá que obligarla a hacerlo.

En el momento que la esposa ya se ha acostumbrado al esposo, la obligación de éste es acariciarla sin demasiada ansiedad. Le tocará los senos y con las uñas les marcara ligeros rasguños. En caso de que ella se moleste, el esposo se comprometerá no volver a hacerlo con la condición de que lo abrace.

Cuando esto suceda la sentará en sus rodillas con mucha ternura y le acariciará todo el cuerpo, especialmente los muslos, las piernas y la cadera. Si la esposa se enoja, el esposo tiene la obligación de tranquilizarla con palabras dulces, gestos y promesas.

Por ese día no se harán más cosas.

La esposa, al día siguiente, se sentará mansamente en las rodillas de su esposo. Cuando esto suceda él pondrá la mano debajo de sus vestidos y recorrerá su piel. Luego bajará hasta las piernas y, oprimiéndole los muslos, le hará pequeñas marcas.

Si la esposa quiere evitarlo, deberá persuadirla de que no hay nada malo en lo que ocurre.

Posteriormente, y hasta que la joven se abandone, palpará su yoni y lo acariciará muy suavemente. El abandono y el relajamiento de las piernas, las cuales se separan espontáneamente, indican que el *jaghana* está dispuesto.

El esposo, al percatarse de estos signos, sabe que puede continuar.

Desvestirá a su esposa, y le acariciará todo el cuerpo, sobre todo las axilas, las nalgas y el yoni; luego la abrazará, le contará sobre las sesenta y cuatro artes de Kama, pero sin realizar la posesión.

El esposo, al día siguiente, instruirá a la joven esposa en las artes de Kama, enseñándole las posiciones y la manera de ejecutarlas. Para que estas enseñanzas sean amenas, continuamente le dará a beber agua perfumada y entonará canciones de amor.

Mientras tanto le jurará fidelidad y alejará todos los miedos que ella pudiera tener respecto a sus adversarias en el futuro.

Sin hacerle daño o herirla, el hombre desflorará a su mujer justamente en este momento.

Para no lastimarla se pondrá sobre ella y le solicitará que coloque el lingam en el yoni. Si la joven se ruboriza y se llena de vergüenza, él procurará colocarlo suavemente, pero si la muchacha acata la petición y lo toma entre sus manos, el hombre gritará culpándola de haber tenido relaciones con otros hombres...

El hombre, inicialmente, se conformará con una penetración muy somera y se apartará a la primera señal de dolor. Habrá un momento, sin embargo, en que la joven esposa, muy estimulada y llena de deseo, ya no sentirá dolor y se lanzará sobre el lingam.

Para evitar numerosos tormentos al marido, este acto se tiene que preparar espontáneamente, y esta preparación radica en el arte de un buen inicio. Únicamente cuando el

129

esposo tenga la certeza de que su mujer ya no padece, podrá usarla como quiera, pero nunca lo hará sin implorar a Kama.

Aún cuando la mujer ha sido instruida en las cuestiones amorosas, es preciso continuar infundiéndole un amor duradero y apasionado.

Por eso todos los días el esposo tendrá que darle un pequeño presente: fragancias, anillos, muñecas, aves, flores.

En otras palabras se esforzará en mostrarle que no existe otro hombre en la tierra que pueda comparársele en el arte de los deleites íntimos. Esto es de vital importancia, ya que si la joven es curiosa querría averiguar cómo realizan la unión otros hombres y terminar seducida con prácticas carnales que destrozarían su matrimonio.

Del amor en el matrimonio

El amor ideal y perfecto se puede alcanzar cuando los cónyuges se aman y todas las señales propicias del cariño se revelan claramente. Esto es básico si se quiere lograr una vida feliz y para que al repetirse las uniones los primeros arrebatos no se esfumen. Para alcanzar este nivel de perfección el hombre, en presencia de su mujer, deberá fingir que siempre piensa en ella y entregarle todos sus sentimientos. Mostrará interés por sus sueños, se bañará con ella y la hará creer que no puede estar cerca suyo sin experimentar la necesidad de acariciarla.

Si de manera imprevista se halla solo con ella en cualquier sitio retirado, como si no hubiera hecho nada más que pensar en eso, tendrá que poseerla inmediatamente. La convencerá de que durante todo el día sólo desea poseerla e insistirá, una y otra vez, en que las inoportunas e innumerables faenas que tiene que realizar lo obligan a retrasar los contactos carnales.

Por eso es preciso que la mujer piense que su esposo vive todo el tiempo sometido por el deseo apremiante de disfrutarla. Esta certeza infunde en la mujer amor y lealtad.

Del mismo modo, el esposo hallará la forma de expresarle a su mujer los sentimientos que le demuestren que arde en deseos de disfrutarla, acariciarla y unirse con ella, en todos los momentos durante los cuales la posesión no se puede realizar. Los eruditos siempre lo han afirmado: únicamente por medio de las palabras uno se puede hacer amar.

Los antiguos escritores afirman, en innumerables ocasiones, que es necesario aguardar a que sea de noche y únicamente disfrutar de la esposa en la oscuridad. Nosotros somos de la opinión de que en este aspecto se encuentran en un error. Esta primitiva idea que afirma que no es sino cuando el sol se oculta cuando la mujer siente apetito carnal ha sido refutada por los hechos. La realidad es que la noche es el periodo ideal con una mujer apasionada, pero cuando la mujer es indiferente y no tiene inclinación por el amor, son igualmente frías en la noche como en cualquier otro instante.

Una mujer de casta menor, sin patrimonio y cuya familia carece de educación y de influencia, una vez enlazada tiene que hacer enormes esfuerzos para que su esposo le sea fiel. Si se muestra negligente su desgracia será completa, por eso tiene que utilizar todos los medios de los que disponga para hacerse amar.

Debe apelar a pequeñas y finas tretas, además de utilizar las emociones más ventajosas y de la destreza en la práctica del amor. De este modo, se las arreglará para estar a solas con su esposo algunas horas por día. Se adornará el cabello con flores y se perfumará con fragancias lascivas, tendrá que conocer y brindar todas las delicias que su esposo pediría a las cortesanas. Lo masajeará, lo marcará con las uñas para trazar las líneas simbólicas, le hablará de todo aquello que a él le guste y le probará toda su elegancia en la ejecución de las artes amorosas, de este modo le proporcionará pruebas de su sapiencia en las sesenta y cuatro artes de Kama. Sólo será amada con estos esfuerzos. Aun en la más profunda intimidad, los antiguos escritores afirman que hay cosas que la mujer debe repudiar, como colocar sus labios sobre el lingam de su marido o pensar incesantemente en la unión. También deberá evitar hacer algo que es muy del agrado de las mujeres: mover las caderas impúdicamente. Sin embargo nosotros consideramos que todas las vías son adecuadas para efectuar el amor. No hay nada que esté mal para alcanzar la confianza que el esposo sólo encontrará en su esposa, y los besos más íntimos son una gran ayuda. Estas son excelentes formas para hacerse amar.

¿Es necesario que una joven esposa oculte sus deseos o está bien que los exprese? Este es un tema que se puede examinar. Se arriesga a pasar por cobarde, en el primer caso, lo que a la larga provoca que el marido le pierda cariño. Sin embargo, en el segundo caso, corre el riesgo de ser desdeñada; no obstante, para que en lugar de apartarla de su esposo la acerquen más a él, la mujer debe tener cuidado de regular sus obscenidades.

Sobre el matrimonio

Si antes del matrimonio un hombre ha alcanzado el amor de una joven y ésta ha accedido a entregarse a él, hay procedimientos específicos para normalizar este matrimonio. El hombre mandará traer fuego del hogar de un brahmán, posteriormente sembrará la hierba de Nusha y ofrecerá un sacrificio al fuego. Después de haber realizado todo esto contraerá matrimonio con ella de acuerdo con las normas de la ley sagrada.

Los padres de los esposos, terminada la ceremonia, serán honrados con atenciones designadas para asegurar su aprobación de lo efectuado. Se les ofrecerán obsequios y de esta manera el matrimonio será definitivo.

Esta manera de matrimonio no es tan buena religiosamente como la primera y no debe utilizarse salvo cuando la situación lo exige. Pese a todo, es preciso reconocer sus virtudes y que cuando es la culminación de un amor sincero, alcanza la feliz realización de la pareja y es una unión tan durable como cualquier otra.

Este tipo de casamiento se conoce como *Gandharavavivaha*, que quiere decir *mutuo acuerdo*.

Sobre las esposas y sus virtudes

Una mujer honesta y que ame a su marido, actuará de acuerdo con los deseos de éste, como si él fuera un ser divino; con su aprobación ella se hará responsable de toda la carga de la familia. Toda la casa tendrá que estar muy aseada, en todas las habitaciones colocará flores de diversos tipos y colores, y mantendrá el piso liso y pulido, de tal forma que toda la casa tenga una apariencia digna. Cuidará de un jardín alrededor de la casa, en el cual colocará, dispuestas para ser utilizadas, los elementos que se necesitan para los sacrificios de la mañana, del mediodía y del atardecer. Asimismo, ella honrará a los dioses domésticos en su propio santuario porque, como indica Gonardiya, "nada une más el corazón del amo de la casa a su mujer como la celosa vigilancia de las normas establecidas".

De acuerdo con sus cualidades obrará en relación con los familiares, allegados, amigos, hermanos y criados de su marido. En el jardín sembrará legumbres verdes, caña de azúcar, higueras, mostaza, perejil, hinojo y *tamala*. También cultivará flores como la *srngataka*, el jazmín, el jazmín de flores grandes, el amaranto amarillo, el jazmín salvaje, la *tagara*, la rosa de China y otras. Del mismo modo atenderá el césped perfumado, *sugaudba* y la raíz olorosa de la planta *usiraka*. Finalmente en el jardín habrá árboles; en medio una fuente, depósito o pozo y lugares para sentarse.

La esposa siempre deberá rehuir de la compañía de indigentes, de mujeres disolutas y mentirosas, de las que ven o leen el futuro, de brujas, budistas u otros similares. Tanto para comidas como para cenas, siempre tendrá en cuenta lo que agrade o no a su marido, así como lo que le caiga bien o no. Deberá levantarse con tan solo escuchar el sonido de sus pasos al entrar en la casa, y estará lista para realizar lo que él mande y si ella misma no le lava los pies, deberá ordenar a las criadas que se los laven. Invariablemente cuando la mujer salga con su esposo se engalanará con sus joyas y jamás aceptará invitaciones sin su aprobación. Acudirá a los casamientos y a los sacrificios, se sentará junto con sus amigas e irá a los templos sagrados en compañía de su marido. Siempre preguntará su sentir si quiere participar en cualquier juego o deporte. Del mismo modo jamás lo despertará cuando esté dormido, siempre se sentará cerca y se pondrá de pie junto con él. Para que los desconocidos no tengan acceso a ella, la cocina quedará ubicada en un cuarto tranquilo y apartado, además de estar siempre muy limpia.

La mujer no deberá regañar con exceso a su marido si éste actúa de mala forma, ya que podría contrariarlo. Ya sea que esté solo o con sus amigos no utilizará palabras humillantes, sino que mezclará los regaños con palabras apaciguadoras. Y, principalmente, no será agresiva, puesto que, como dice Gonardiya, "no existe nada que desconsuele más a un esposo como ese defecto en su mujer". Procurará no hablar mal, conversar aparte, hablar en un lugar solitario, no dirigir sus ojos hacia abajo y quedarse frente a la entrada para mirar a los que caminan. Y, como conclusión, siempre deberá mantener aseados, elegantes y bruñidos su cuerpo, sus dientes, sus cabellos y todo lo que sea suyo.

Si una mujer quiere acercarse especialmente a su marido, se ataviará con vestidos ricamente adornados, de colores vivos y con distintos tipos de flores, emanará aromas agradables de bálsamos y esencias. Sin embargo su traje cotidiano consistirá únicamente en una vestidura ligera, de una tela tupida, con unas cuantas flores y ornamentos, así como un poco de perfume, sin exagerar. Debe observar los ayunos y los votos de su marido, y si él los trata de impedir, deberá persuadirlo de que la deje hacer.

En ciertas épocas del año, cuando estén a buen precio, comprará tierra, bambúes, leña, pieles, vasos de hierro y también aceite y sal. Las sustancias olorosas, los vasos hechos del fruto de la planta *wrightea antidysenteria*, o *wrightea* de hojas ovaladas, los medicamentos y otras cosas de que se tiene constante necesidad, serán comprados en tiempo conveniente y guardados en un lugar secreto de la casa. Las simientes de rábano, de boniato, de remolacha, de ajenjo hindú, de mango, de pepino, de berenjenas, de *kushmanda*, de calabaza, de *surana*, de *bignonia Indica*, de madera de sándalo, de *premna spinosa*, de ajo, de cebolla y otras legumbres, serán compradas y sembradas en su estación.

La mujer casada no deberá decir a los extraños a cuánto asciende su caudal, ni los secretos que el marido le haya confiado.

Aventajará a todas las mujeres de su clase por su destreza, su buen porte, su conocimiento de la cocina, la dignidad de su aspecto y su manera de servir al marido. El gasto del año será con arreglo a las ganancias. La leche sobrante será convertida en mantequilla. El aceite y el azúcar serán preparados en casa. Hilará, tejerá, tendrá siempre una provisión de cuerdas y bramantes, así como corteza de árboles para trenzar. También se ocupará en el machacado y depuración del arroz, del que empleará los granitos y la paja en diversos usos. Pagará los salarios de los criados; vigilará el cultivo de los campos, los rebaños, la construcción de vehículos y tendrá cuidado de carneros, gallos, codornices, papagayos, estorninos, cucos, pavos reales, monos y corzas, y finalmente regulará la renta y el gasto del día. Dará los vestidos usados a los criados que hayan trabajado bien, para hacerles ver que ella aprecia sus servicios o bien les dará otro uso. Visitará cuidadosamente las cavas donde se prepara el vino, así como aquellas en que se lo guarda, y desechará lo inservible. Vigilará también todas las ventas y compras. Acogerá graciosamente a los amigos de su esposo y les ofrecerá flores, ungüentos, incienso, nuez y hojas de betel. Tendrá para sus suegros las atenciones que les son debidas, condescendiendo siempre a su voluntad, no contradiciéndolos jamás, hablándoles con pocas palabras pero sin sequedad, no riendo ruidosamente en su presencia, y obrando con sus amigos o sus enemigos como con los suyos propios. Además, no deberá ser vana ni demasiado preocupada por sus placeres. Será liberal con los criados y los recompensará los días de fiesta y diversiones. En fin, no dará nada sin haber, desde luego, informado a su esposo.

Hasta aquí la manera de vivir de una mujer virtuosa. Durante la ausencia de su marido en viaje, la mujer virtuosa no conservará sobre sí más que sus adornos de buena suerte y observará los ayunos en honor de los dioses. Por ansiosa que esté de saber noticias de su marido, no seguirá menos atenta a los cuidados de la casa. Dormirá con la vecindad de las mujeres de más años de la casa y se aplicará a serles agradable. Cuidará y tendrá en buen estado los objetos favoritos de su esposo y continuará las obras comenzadas por él. No asistirá a casa de sus padres y amigos sino en la ocasión de una alegría o un duelo, y entonces se presentará con su ropa ordinaria de viaje, acompañada de servidores de su marido, y no permanecerá mucho tiempo. Cumplirá las fiestas y los ayunos con el asentimiento de los más viejos de la casa. Aumentará los recursos efectuando compras y ventas según la práctica de los mercaderes y por medio de honradas criadas, a las que vigilará. La renta será aumentada y la despensa disminuida lo menos posible. Y cuando su marido retorne del viaje, le dará la bienvenida con sus vestidos ordinarios, de modo que él pueda ver cómo se ha comportado durante su ausencia, y le entregará algunos regalos, así como también los elementos para los sacrificios a ofrendar a los dioses.

Hasta aquí lo que trata de la conducta de una mujer durante la ausencia de su esposo en viaje.

También hay versículos que tratan este tema:

"La mujer, ya sea hija de familia noble o viuda virgen (es decir, las jóvenes casadas muy niñas y cuyo marido ha muerto antes de que lleguen a la pubertad), vuelta a casar o concubina, debe llevar una vida casta, ser leal a su marido y no descuidar nada para su bienestar. Las mujeres que se conducen así adquieren Dharma, Artha y Kama, obtienen una alta posición y se atraen generalmente el corazón de sus maridos".

Las esposas asociadas

Las causas de nuevo matrimonio durante la vida de una esposa son las siguientes:

La locura o el mal carácter de la mujer
El disgusto que el marido siente por la mujer
La falta de descendencia
El nacimiento continuo de hijas
La incontinencia del marido

Desde el principio del matrimonio, una mujer debe emplear sus esfuerzos en atraerse el corazón de su marido, mostrándose siempre afectuosa, de buen humor y discreta. Si no le da hijos, debe aconsejarle ella misma que se despose con otra mujer. Y cuando la segunda mujer se haya instalado en la casa, la primera le dará una posición superior a la suya propia y la mirará como a una hermana. La más antigua de las esposas obligará, por la mañana, a la más joven, a embellecerse en presencia de su marido y no sentirá celos ninguno por las atenciones que el marido brinde a la otra. Si la más joven hace alguna cosa que desagrade al marido, la más antigua no la descuidará, sino que estará presta a darle sus mejores consejos, y le enseñará a hacer diferentes cosas en presencia de él. Tratará a los hijos de la otra como a los suyos propios; tendrá más cuidados para las servidoras de ella que para las suyas; será amante y buena para los amigos de la otra, y honrará grandemente a sus padres.

Si hay muchas mujeres además de ella, la más antigua esposa se aliará con la que va inmediatamente después de ella en rango o en edad, y excitará a la mujer que recientemente ha gozado de los favores de su marido a buscar querella con la favorita del día. Después se lamentará de ella, y así que haya reunido a las otras mujeres, las invitará a denunciar a la favorita como mujer intrigante y mala, pero sin intervenir, a pesar de esto. Si la favorita va a quejarse al marido, entonces la más antigua esposa se pondrá de parte de ella y le dará falsos alientos para envenenar la riña. Si la riña es solamente leve, procurará agravarla. Pero si, después de todo esto, ve que el marido sigue amando a la favorita, cambiará de táctica y se esforzará en lograr una reconciliación entre ellos, a fin de evitar el disgusto de él.

Hasta aquí la conducta de la esposa más antigua.

La más joven mirará a la más antigua como a su madre, y no dará nada, ni aun a sus propios padres, sin haberla informado. La enterará de todo lo que le concierne, y no se acercará al marido sino con su permiso. No revelará a nadie los secretos que la más antigua esposa le haya confiado, y cuidará de los hijos de ésta con cuidado mayor que a los suyos propios. Cuando esté a solas con el esposo le servirá bien, mas no le hablará de otra cosa que de la pena que le causa la existencia de una rival. Podrá también conseguir secretamente del amado algunas señales de su afecto particular, y le dirá que no vive sino para él y para las atenciones que le demuestra. No confiará a nadie su amor por el marido, ni el amor del marido por ella, sea por orgullo, sea por ira; porque una mujer que revela los secretos del esposo se atrae su desprecio. En cuanto a procurar alcanzar los favores de su marido, Gonardiya dice que esto debe siempre hacerse aparte, por temor a la esposa más antigua. Si ésta es repudiada por su marido, o estéril, la otra le manifestará simpatía y rogará al esposo que sea bueno con ella; pero se esforzará en superarla llevando la vida de una casta esposa.

Hasta aquí, la conducta de la esposa más joven hacia la más antigua.

Una viuda pobre o de naturaleza débil, y que se casa de nuevo, se llama una viuda recasada. Los discípulos de Babhravya dicen que una viuda virgen no debe casarse con hombre al que pudiera verse obligada a abandonar, ya por su mal carácter, ya porque él estuviere desprovisto de las cualidades esenciales del varón. Gonardiya es de parecer que si una viuda se vuelve a casar, es con la esperanza de ser dichosa; y como la felicidad depende sobre todo de excelentes cualidades del marido, juntas con el deseo del placer, lo mejor para ella es elegir, por descontado, a un hombre que posea tales cualidades. Vatsyayana, no obstante, opina que una viuda puede contraer enlace con quien le plazca y con quien le parezca capaz de hacerla feliz.

En el momento del enlace, la viuda debe pedir a su marido el dinero preciso para costear el vino, las comidas a medias con los parientes, los regalos que han de darse a los amigos; o bien, si ella lo prefiere, hará todo esto a sus propias expensas. Igualmente podrá costear ya los gastos de su marido, ya los de ella. En cuanto a los presentes de afecto que cambian mutuamente con su esposo, no hay regla fija. Si después de la unión deja a su marido por propia determinación, le deberá restituir todo lo que él le haya dado, a excepción de los regalos mutuos. Mas si fuese ella la despedida de la casa por su marido, no tendrá nada que devolverle.

Después del casamiento vivirá en la casa de su marido como uno de los principales miembros de la familia; mas tratará a las otras mujeres con bondad, a los domésticos con generosidad, y a todos los amigos de la casa con familiaridad y buen humor. Hará ver que ella está más instruida en las sesenta y cuatro artes que las demás mujeres; y si tiene una pelea con su marido, no le reñirá, sino que luego, en la intimidad, se prestará a todo lo que él desee y pondrá en práctica las sesenta y cuatro maneras de gozar. Será deferente para con las otras mujeres de su marido, hará regalos a sus hijos, les servirá de maestra y les confeccionará juguetes y adornos. Tendrá más confianza en los amigos y servidores de su esposo que las otras mujeres; y; finalmente, siempre estará atenta a las partidas para beber, a las comidas a escote, a las ferias y a los festejos y a toda clase de juegos y diversiones.

Hasta aquí la conducta de la viuda virgen vuelta a casar.

Una mujer a la que no ama su marido y a la que las otras esposas persiguen y hacen sufrir, debe aliarse con la mujer preferida de su esposo y que le asiste más que las demás y enseñarle todas las artes que ella conoce por sí misma. Servirá de nodriza a los hijos de su marido, y luego de ponerse a bien con los amigos de éste, le hará saber, por su mediación, hasta qué punto le es afecta. En las ceremonias religiosas, votos y ayunos, tomará ella la iniciativa, sin hacer alarde de una muy buena opinión de sí misma. Estando su marido acostado en su lecho, no se presentará a él sino cuando a él le plazca; no le dirigirá jamás reproches y no le manifestará malhumor ninguno. Si el esposo anda disgustado con una de sus otras mujeres, ella lo reconciliará, y si él desea ver a alguna mujer en secreto, ella se ocupará de preparar la cita. Procurará, además, darse cuenta de los puntos débiles del carácter del marido, pero los mantendrá siempre secretos y, en general, se conducirá de tal suerte que se la pueda considerar como una mujer buena y cariñosa.

Aquí termina el comportamiento de la mujer que no es amada por el esposo.

Se puede ver, en los párrafos anteriores, cómo se deben conducir todas las mujeres del serrallo del Rey; no vamos, pues, a hablar separadamente del Rey.

Las mujeres empleadas en el harén, a las que se dan los nombres particulares de *Kanchukiyas*, *Mahallarikas* y *Mahallikas*, deben ofrecer al Rey, de parte de sus esposas, flores, ungüentos y vestidos; y el Rey, luego de haber recibido tales cosas, hará regalos a las servidoras y les dará también objetos que él haya llevado el día precedente. Al mediodía, el Rey vestido y revestido con sus ornamentos, visitará a las mujeres del harén, que estarán asimismo vestidas y adornadas con sus joyas. Entonces, luego de haber asignado a cada una tal o cual lugar y haberles dedicado separadamente sus atenciones, según la ocasión y el mérito personal, entablará con ellas una agradable conversación. Seguidamente, visitará a sus mujeres viudas vírgenes vueltas a casar y, después de éstas, a las concubinas y a las bailarinas. Todas las visitas, para estas tres últimas categorías, tendrán lugar en la habitación particular de cada una.

Cuando se despierta de su siesta de mediodía, la mujer que tiene por misión el indicarle a aquella de sus esposas que deberá pasar la noche con él, acude a su encuentro, acompañada de las que siguen a dicha esposa, cuyo turno puede llegar regularmente; de aquella cuyo turno pueda haberse pasado por error, y de aquella que ha podido encontrarse indispuesta en el momento de su turno. Estas siguientes depositan ante el Rey los ungüentos y perfumes que le destinan personalmente y que estarán sellados con su anillo; le dicen sus nombres y los motivos que les hacen entregarle esos obsequios. El Rey acepta el regalo de una de ellas, que así se entera de que ha llegado su día.

En los festivales, ejercicios de cantos y ceremonias públicas, todas las esposas del Rey deben ser tratadas con respeto y se les servirán bebidas.

Mas no debe estar permitido a las mujeres del harén salir solas, y ninguna mujer extraña al serrallo podrá entrar en él si no es de aquellos cuyo carácter sea bien conocido. En fin, el trabajo que las esposas del Rey tienen que hacer no debe ser fatigoso.

Hasta aquí la conducta del Rey hacia las mujeres de su harén y de las mujeres con respecto a él.

Un hombre que tiene muchas esposas debe conducirse lealmente con ellas. No será ni indiferente ni demasiado blando para sus defectos, ni revelará a una de ellas el amor, la pasión, las imperfecciones corporales, ni las faltas secretas de otra. No les dejará ninguna ocasión de que le hablen de sus rivales, y si una de ellas comienza a decir mal de otra, le reprenderá diciéndole que ella tiene exactamente los mismos defectos de carácter. El Rey agradará a una con confidencias íntimas, a otra, con cuidados especiales; a una tercera, con alguna lisonja reservada; y a todas yendo a los jardines, distrayéndolas, haciéndoles obsequios, honrando a sus familiares, diciéndoles secretos y, en fin, teniendo gusto por sus uniones carnales. Una joven esposa de buen humor, y que se conduce siguiendo los preceptos de la Escritura Santa, se asegura el afecto de su marido y le aparta de sus rivales.

Hasta aquí la conducta de un esposo que tiene muchas esposas.

Las esposas seducibles

Puede el hombre dirigirse a las esposas de otros en diversas ocasiones, pero conviene ante todo examinar la posibilidad de su seducción, su aptitud para cohabitar, el riesgo de unirse con ellas y las consecuencias de estas uniones. Un hombre puede dirigirse a la esposa de otro a fin de salvar su propia vida, cuando se da cuenta de que su amor por ella crece en intensidad y ardor. Estos grados de intensidad son diez, y se reconocen por los síntomas siguientes:

Amor por la vista
Atracción del espíritu
Reflexión constante
Insomnio
Adelgazamiento del cuerpo
Desgano de placeres y diversiones
Desechamiento del pudor
Locura
Desfallecimiento
Muerte

Viejos autores dicen que un hombre debe darse cuenta de las disposiciones, de la sinceridad, de la pureza y de los instintos de una mujer joven, así como de la intensidad o debilidad de sus pasiones, observando la forma de su cuerpo y ciertos signos o marcas característicos. Pero Vatsyayana es de la opinión que la forma del cuerpo y los signos o marcas característicos no son aquí más que indicios engañadores y que es menester juzgar a las mujeres según su conducta, la expresión exterior de sus pensamientos y los movimientos de sus cuerpos.

Ahora bien, en regla general, Gonikaputra dice que una mujer se apasiona de amor por todo hombre bello que ve, y lo mismo hace un hombre a la vista de una mujer bella, pero, a menudo, ellos no van más lejos, por diversos motivos. En amor, las circunstancias consecutivas son particulares a la mujer. Ella ama sin mirar lo justo ni lo injusto, y no intenta conseguir a un hombre por alcanzar simplemente tal o cual finalidad. Además, si un hombre la aborda primero, ella se aleja, naturalmente, aun cuando esté en el fondo dispuesta a unirse a él. Mas si los esfuerzos del hombre para ganarla son repetidos y renovados, ella acaba por consentir. Por el contrario, el hombre halla bueno, desde luego, sentirse prendado; domina sus sentimientos con consideraciones de moralidad y discreción, y aunque piensa frecuentemente en la mujer, no cede, ni aun a los esfuerzos que ella hace por ganarle. A veces, pone de su parte un intento por conquistar el objeto de sus afectos, y si fracasa no se preocupa más. Sucede también que, una vez conseguida la mujer, se vuelve indiferente respecto de ella. Decir que un hombre no se inquieta por lo ganado fácilmente, y no aprecia sino lo que logra con esfuerzo, es obvio repetirlo.

Las causas que hacen a una mujer rechazar las persecuciones de un hombre son las que siguen:

Afecto a su marido.
Deseo de descendencia legal.
Falta de ocasión.
Ira por ser abordada familiarmente por un hombre.
Diferencia de rangos sociales.
Falta de seguridad a causa del hábito que tenga el hombre de viajar.

Sospecha de que el hombre está unido a otra persona.

Temor de que el hombre tenga intenciones secretas.

Pensamiento de que el hombre es muy afecto a sus amigos y tiene demasiada condescendencia con ellos.

Aprensión de que no sea serio.

Especie de vergüenza porque es un hombre ilustre.

Temor de que él no sea potente, o de una pasión impetuosa, en el caso de la mujer-cierva.

Especie de ver vergüenza porque él es demasiado hábil.

Recuerdo de haber vivido con él en términos amistosos solamente.

Desprecio por su falta de conocimiento del mundo.

Desconfianza de su carácter bajo.

Indignación porque él parece no advertir el amor de ella.

En el caso de una elefanta, suposición de que es un hombre-liebre o débil de pasión.

Desconfianza de ella misma y de sus imperfecciones.

Miedo de ser descubierta.

Desilusión al verle los cabellos grises o el aspecto mezquino.

Temor de que sea enviado por su esposo para probar su fidelidad.

Suposición de que sea demasiado escrupuloso en cuanto a moralidad.

Cualquiera que sea la causa que el hombre llegue a adivinar, debe, desde el principio, esforzarse en combatirla. La vergüenza que pueden producir su gran posición o su talento, la combatirá demostrando que el suyo es un amor apasionado. Si la mujer alega la falta de ocasión o la dificultad de entrar en casa de él, le indicará algún medio fácil de acceso. Si ella siente hacia él un respeto excesivo, la animará haciéndose muy familiar. Si ella sospecha que tiene carácter bajo, le probará su valor y discreción. A la acusación de negligencia, opondrá aumento de atenciones, y al temor, las excitaciones propias para disiparlo.

Los hombres que obtienen generalmente aceptación de las mujeres son:

Los muy versados en la ciencia de amar
Los hábiles para narrar historias
Los familiarizados con las mujeres desde su infancia
Los que han cautivado su confianza
Los que le hacen obsequios
Los que hablan bien
Los que hacen cosas a su gusto
Los que no han amado antes a otras mujeres
Los que hacen el papel de mensajeros
Los que conocen su lado flaco
Los que son deseados por mujeres honradas
Los que tienen relaciones con sus amigas
Los que tienen buen aspecto
Los que se han criado con ellas
Los que son sus vecinos
Los que son dados a los goces sexuales, aunque sean sus propios domésticos
Los amantes de hijas de su nodriza
Los recientemente casados
Los que gustan de meriendas y partidas de placer
Los de carácter liberal
Los conocidos por ser muy fuertes (hombres-toro)
Los arriesgados y valientes
Los que aventajan a su marido en saber y buena presencia, en buenas cualidades y en liberalidad
Los que llevan vestidos y manera de vivir espléndidos

Las mujeres que más fácilmente son conseguidas por los hombres son:

Las mujeres que permanecen en la puerta de su casa

Las mujeres que andan siempre mirando a la calle

Las mujeres que pasan su tiempo charlando en la casa del vecino

Las que tienen la mirada constante constante en los hombres

Una mensajera

Una mujer que los mira de lado

Una mujer cuyo marido ha tomado otra mujer sin justa causa

Una mujer que detesta a su marido o que es detestada

Una mujer que no tiene a nadie para vigilarla y mantenerla

Una mujer que no ha tenido hijos

Una mujer cuya familia o casta no es muy conocida

Una mujer cuyos hijos han muerto

Una mujer que gusta mucho de la sociedad

Una mujer que, en apariencia, está muy enamorada de su marido

La viuda de un actor

Una viuda

Una mujer pobre

Una mujer que ama los placeres

La mujer de un hombre que tiene muchos hermanos más jóvenes que él

La vanidosa

La mujer cuyo marido es inferior en rango y en talentos

Una mujer que está engreída de su destreza en las artes

Una mujer cuyo espíritu está turbado por la locura de su esposo

Una mujer que en su infancia estuvo casada con un hombre rico y que, no amándole ya cuando ella creció, desea un hombre más de su gusto por sus cualidades de carácter, sus talentos y su prudencia

Una mujer a la que su marido maltrata sin razón

Una mujer que no es respetada de las otras mujeres, sus iguales en clase o en belleza

Una cuyo esposo pasa mucho tiempo viajando

La mujer de un joyero

Una mujer celosa

Una mujer avariciosa

Una mujer inmoral

Una mujer estéril

Una mujer perezosa

Una mujer vil

Una mujer jorobada

Una mujer enana

Una mujer contrahecha

Una mujer vulgar

Una mujer que huele mal

Una mujer enferma

Una mujer vieja

Hay también dos versículos cuyo texto dice:

"El deseo, inspirado por la naturaleza, acrecido por el arte, y del que la discreción aparta todo riesgo, se hace firme y seguro. Un hombre diestro, confiando en su habilidad, que observa cuidadosamente las ideas y los sentimientos de las mujeres, y que sabe destruir las causas de su alejamiento de los hombres, es generalmente dichoso con ellas".

Posesión de las mujeres ajenas

Viejos autores son del parecer que las jóvenes solteras se dejan seducir menos fácilmente por la mediación de mensajeras que por la acción personal del hombre; pero que las mujeres casadas, por el contrario, ceden con más facilidad a los intermediarios que al amante mismo. Vatsyayana estima que, todas las veces que sea posible, debe el hombre actuar por su cuenta, y únicamente cuando hay absoluta imposibilidad de hacerlo, recurrirá al oficio de mensajeras. En cuanto a decir que las hembras que viven atrevida y libremente ceden a los esfuerzos personales del hombre, y que las que no tienen estas cualidades prestan asentimiento a la mensajera, es pura chanza.

Ahora bien, cuando un hombre se mueve por sí mismo en esta materia debe, ante todo, trabar conocimiento con la mujer que él ama, del modo siguiente:

Procurará ser visto por ella en alguna ocasión natural o especial. La ocasión es natural cuando uno de ambos va a la casa del otro; es especial cuando los dos se encuentran en casa de un amigo, de un compañero de casta, de un ministro, de un médico, en los funerales o en las reuniones de jardín.

Sea cual fuere el momento en que se encuentren, debe tener el hombre cuidado de mirar a la mujer de tal modo que ella pueda adivinar su estado de espíritu; estirará su bigote, producirá un sonido con las uñas, hará tintinear sus alhajas, se morderá el labio inferior y hará otros signos semejantes. Cuando ella lo mire, hablará de ella y de otras mujeres a sus amigos y se mostrará liberal, amigo de placeres. Si se halla sentado junto a una mujer de su conocimiento, se chanceará, encogerá el cuerpo, contraerá sus cejas, hablará muy lentamente como si estuviese cansado y la escuchará con indiferencia. Podrá también trabar, con un niño o con alguna otra persona, una conversación de doble sentido, que parecerá referirse a una tercera persona pero que, en realidad, tendrá por objeto a la mujer que él ama; y de esta manera le dará a entender su amor, pareciendo que se ocupa de otras más que de ella. Trazará en la tierra, con sus uñas o con su bastón, signos que se dirigirán a ella; abrazará y besará a un niño en su presencia, le dará con su lengua la mezcla de nuez y hojas de betel y le tomará el mentón con los dedos de una manera acariciadora. Todo esto lo hará en tiempo y lugar convenientes.

El hombre acariciará a un niño sentado en las rodillas de la mujer y le dará algún juguete, que recuperará enseguida. Podrá también entablar con ella una conversación respecto del niño, y de esta suerte se familiarizará gradualmente con ella; se aplicará también a hacerse agradable a los padres. El conocimiento, una vez hecho, será un pretexto para visitarla con frecuencia en su casa; y entonces tratará sobre algún tema de amor estando ella lo bastante cerca como para oírlo. Así que la intimidad aumente, le confiará una especie de depósito o prenda del que él retirará de tiempo en tiempo una pequeña parte. También puede entregarle sustancias aromáticas, o nueces de betel, para que ella se las guarde. Después de esto, hará todo lo posible por ponerla en buenas relaciones con su propia mujer, las inducirá a conversar confidencialmente y a sentarse juntas en los lugares solitarios. A fin de verla frecuentemente, se las arreglará de modo que las dos familias tengan el mismo orfebre, el mismo joyero, el mismo cestero, el mismo tintorero y el mismo lavandero. Y le hará francamente largas visitas, con el pretexto de algún asunto que trate con ella; y un asunto los llevará a otro, de manera que los mantenga siempre en relaciones. Si desea ella alguna cosa, si tiene necesidad de dinero, o si quiere adquirir el adiestramiento en tal o cual arte, le insinuará —él, que tiene la voluntad y el poder de hacer todo lo que ella desea— darle dinero, o enseñarle tal o cual arte, porque todo eso está dentro de sus medios. El hombre empezará con ella discusiones en compañía de otras personas; hablará de lo que ha sido dicho y hecho por otros; examinará diversos objetos, tales como joyas, piedras preciosas, etc. En estas ocasiones le mostrará cosas determinadas que ella pueda no conocer; y si ella está en desacuerdo con él sobre las cosas mínimas o sobre su valor, no la contradecirá, sino que asegurará que es de su misma opinión en todos los puntos.

Hasta aquí las maneras de trabar conocimiento con la mujer que se desea.

Además, cuando una joven está familiarizada con un hombre, como se ha descrito antes, y le ha manifestado su amor por los diferentes signos exteriores y los movimientos de su cuerpo, el hombre debe hacer todos los esfuerzos por poseerla. Pero, como las jóvenes no tienen experiencia en la unión sexual, conviene tratarlas con la mayor delicadeza y el hombre deberá usar grandes precauciones. Esto, por supuesto, no es preciso con las mujeres que están acostumbradas al comercio sexual. Cuando las intenciones de la joven no sean ya dudosas y haya dejado de lado el pudor, el hombre comenzará a hacer uso de su dinero y ambos comprarán juntos vestidos, anillos y flores. Aquí pondrá el hombre un cuidado muy particular en que sus regalos sean bellos y valiosos. Ella le dará también una mezcla de nueces y hojas de betel, y si él acude a alguna diversión, le pedirá la flor que ella tiene en los cabellos o que lleva en la mano. Si es él quien da una flor, ésta tendrá un aroma suave, e irá marcada con signos que habrá el hombre impreso con sus dientes o sus uñas. Progresiva y gradualmente, disipará los recelos y acabará por conducirla a algún lugar solitario donde la abrazará y la besará. En fin, en ocasión de que le dé nuez de betel, o que sea él quien la reciba, o de un cambio de flores que se hagan a un tiempo, le tocará y le oprimirá las partes secretas, dando así a sus esfuerzos una conclusión satisfactoria.

Cuando un hombre se ha decidido a seducir a una mujer, no debe intentar seducir a otra al mismo tiempo. Pero, después de haber conquistado a la primera y haberla gozado durante un lapso considerable, puede entretenerla haciéndole regalos que le plazcan, y comenzar desde entonces el asedio de otra. Si un hombre ve que el marido de una mujer gusta de ir a algún lugar próximo a su casa, se abstendrá de gozar con la mujer, aún cuando ésta pudiera ser fácilmente ganada en tal momento. Un hombre prudente y que cuida su reputación no pensará en seducir a una mujer medrosa, tímida, de carácter ligero, bien vigilada o que tenga suegros.

¿Cómo comprender el corazón de las mujeres?

Cuando un hombre intenta seducir a una mujer debe examinar su estado de espíritu y conducirse como se va a consignar aquí.

Si ella lo escucha, sin manifestar por eso de ninguna manera sus propias intenciones, probará a conquistarla por mediación de una alcahueta.

Si la encuentra una vez, y acude a encontrarla de nuevo, mejor vestida que antes, o si va a toparse con él en algún lugar solitario, puede estar seguro el hombre de que con un poco de astucia llegará a sus fines. Una mujer que deja que un hombre la corteje, pero no cede, aún después de mucho tiempo, puede ser considerada como una tramposa en amor; sin embargo, dada la inconstancia del espíritu humano, será posible triunfar sobre tal mujer si se mantiene siempre con ella estrecha relación.

Cuando la mujer evita las atenciones de un hombre y, sea por respeto a él, sea por orgullo personal, no quiere encontrarlo ni acercársele, podrá, no obstante, aunque con dificultad, llegar a buen fin, ya esforzándose por familiarizarse con ella, ya sirviéndose de una mediadora hábil.

Si un hombre hace la corte a una mujer y ella lo rechaza con palabras injuriosas, debe abandonar el campo y renunciar.

Cuando una mujer rechaza a un hombre, mas al mismo tiempo le testimonia afecto con sus actos, se le debe hacer el amor sin más trámite.

Una mujer que encuentra a un hombre en sitios solitarios y que lo deja tocarla con el pie, aparentando, a causa de la indecisión de su ánimo, que no se da cuenta, puede ser ganada con paciencia y tentativas perseverantes. Por ejemplo, si sucede que ella duerme cerca del hombre, éste la enlazará con el brazo izquierdo y, al despertar, observará si ella lo rechaza seriamente o sólo de manera que deja ver que no desea otra cosa sino que él recomience. Y lo que se hace con el brazo también puede hacerse con el pie. Si el hombre tiene éxito en este punto, la abrazará más estrechamente, y si ella no quiere seguir abrazada y se levanta, pero se conduce con él de la misma manera al día siguiente, deducirá el hombre que no está lejos ella de ceder. Si a pesar de esto la mujer no reapareciera, el hombre debe intentar ganarla por intermedio de una mediadora; y si, luego de haber desaparecido por algún tiempo, ella reapareciera y se condujera como de costumbre, deducirá el pretendiente que ya no tiene ninguna objeción para no unirse a él.

Cuando una mujer ofrece a un hombre una ocasión y le manifiesta su amor, estará obligado él a gozar de ella. Una mujer expresa su amor de esta manera:

Se dirige a un hombre sin que él le haya hablado primero.

Se muestra a él en parajes solitarios.

Le habla temblorosamente y balbuceante.

Tiene los dedos de la mano y del pie húmedos de transpiración y el semblante radiante de placer.

Se ocupa de rozarle el cuerpo y oprimirle la cabeza.

Al oprimirlo, no emplea más que una mano y con la otra toca y abraza algunas partes de su cuerpo.

Deja las manos posadas sobre su cuerpo, sin moverlas, como si la hubiera sorprendido alguna cosa o estuviese agotada de fatiga.

De tiempo en tiempo inclina la vista sobre sus piernas, y si él le ruega oprimírselas, ella no manifiesta ningún rechazo.

Coloca una de sus manos, de pronto quietas, sobre su cuerpo, y aunque el hombre la tiene apretada entre sus piernas, ella no la retira durante largo tiempo.

En fin, cuando ella ha resistido a todos los esfuerzos del hombre para llegar al término deseado, pero acude al día siguiente a encontrarlo, y le oprime nuevamente el cuerpo.

Cuando una mujer no da ningún motivo de excitación al hombre y tampoco lo evita, pero se oculta en algún lugar solitario, se la podrá ganar por medio de una sirvienta de su vecindad. Si, llamada por él, persiste en la misma conducta, será preciso recurrir a un hábil alcahueta. Mas si sigue rehusando y no manda decir nada al hombre, deberá éste reflexionar bien antes de continuar en su persecución.

Del amor de los reyes y ministros por las mujeres ajenas

Los reyes y los ministros no tienen acceso a las viviendas de los ciudadanos y, además, su modo de vivir está constantemente vigilado, observado e imitado por la multitud: exactamente como el mundo animal, viendo levantarse el sol se levanta con él, y cuando se pone al anochecer, se acuesta con él, imitándolo. Las personas que ejercen altos cargos deben, pues, evitar cometer en público actos censurables que su posición les vede y que serían dignos de vituperio. Pero si un acto tal pareciera preciso, deberán emplear los medios que aquí se describen.

El personaje principal de una población, representante del Rey y hombre cuyo trabajo consiste en espigar el trigo, puede seducir a las lugareñas haciéndoles una simple petición. Así, los libertinos dan el nombre de lujuriosas a esta categoría de mujeres.

La unión de los hombres antes mencionados con esta categoría de mujeres tiene lugar en ocasión de un trabajo no pagado, de almacenaje de las cosechas en los graneros, de la entrada o de la salida de objetos en la casa, de la limpieza de las casas, del trabajo de los campos, de la compra de algodón, lana, lino, cáñamo, hilo, y en la época de la compra, venta y cambio de otras mercaderías. De la misma manera, los inspectores de granjas de vacas gozan de mujeres en tales granjas, y los oficiales que tienen la vigilancia de las viudas, de las mujeres sin apoyo y de las que han abandonado a sus maridos; mantienen con ellas comercio sexual. Los más astutos hacen su tarea vagabundeando de noche por la población. Hay también lugareños que mantienen relaciones con las mujeres de sus hijos, pasando la mayor parte del tiempo solos con ellas. En fin, los inspectores de mercaderes tienen muchas posibilidades con las lugareñas cuando éstas van al mercado por sus compras.

Durante las fiestas de la octava luna, es decir, durante la brillante mitad del mes de Nargashirsha, como también en el festival de claro de luna del mes de Kartika, y el de la primavera, de Chaitra, las mujeres de aldeas y ciudades visitan generalmente a las mujeres del harén del rey, en el palacio real. Estas visitas, siendo conocidas de las mujeres del harén, son admitidas en sus departamentos particulares; allí pasan la noche en charlas, juegos y diversiones de su gusto, y se retiran a la mañana. En tal ocasión, una sirvienta del rey, que de antemano sabrá cuál es la mujer que su señor desea, se acercará a ella con la apariencia de pasar el tiempo y la invitará a entrar sola con ella a ver las curiosidades del palacio. También antes de estas fiestas puede haber dicho a esa mujer que, en ocasión de su visita a palacio, le quiere mostrar las cosas interesantes del palacio. Y, en efecto, la llevará a que vea la zona de plantas trepadoras, la casa del jardín con su techo incrustado de piedras preciosas, la glorieta de racimos de uvas, el edificio sobre el agua, los pasillos secretos en los muros del palacio, las pinturas, los animales de caza y deporte, las máquinas, los pájaros y las jaulas con leones y tigres. Después, hallándose sola con ella, le hablará del amor que le inspira al rey, ponderándole la dichosa fortuna que le procuraría su unión con él, asegurándole, desde luego, un secreto estricto. Si la mujer acepta este ofrecimiento, la servidora la recompensará con bellos regalos dignos del rey y después de haberla acompañado hasta cierta distancia, la despedirá con muestras de afecto. Puede ocurrir también que las mujeres del rey, habiendo trabado conocimiento con el marido de la mujer que el rey desea, inviten a ésta a ir a visitarlas en el serrallo y entonces una servidora del rey, enviada allí expresamente, hará con la mujer tal como se dice antes.

O bien, una de las mujeres del rey trabará conocimiento con la mujer que el rey desea y enviándole una de sus servidoras, que intimará con ella, la invitará a ir a ver el palacio real. Después, cuando haya visitado el harén y tomado confianza, una adicta del rey, enviada de modo expreso, ejecutará lo que se indica.

O bien la mujer del rey convidará a la que el rey desea a que vaya al palacio para ver practicar el arte en que la mujer del rey puede sobresalir, y cuando haya ido al harén, una servidora del rey expresamente designada maniobrará como se ha dicho.

O bien una mendiga, de acuerdo con la mujer del rey, dirá a la mujer que el rey desea y cuyo marido puede haber perdido su fortuna o tener necesidad de alguna merced del rey: "La mujer del rey tiene influencia sobre él. Es, además, naturalmente buena. Es a ella a quien debemos recurrir en este asunto. Yo me encargo de haceros entrar en el harén y ella apartará toda causa de daño y temor por parte del rey". Si la mujer consiente en esto, la mendiga la conducirá dos o tres veces al harén y la mujer del rey le prometerá su protección. Seguidamente, cuando la mujer, contenta por la acogida que se le ha hecho y la protección que se le promete, vuelva al serrallo, una sirvienta del rey, expresamente destinada, obrará como se ha descrito.

Lo que se acaba de decir respecto de la mujer de un hombre que tiene alguna cosa que temer del rey, se aplica también a las mujeres de aquellos que solicitan servicio cerca del rey, o que están oprimidos por los ministros, o que son pobres, o que no estén satisfechos con su posición, o que deseen ganar el favor del rey, o que son oprimidos por los miembros de su propia casta, o que actúan como espías del rey o que tienen algún fin que esperar.

En fin, si la mujer que el rey desea vive con un hombre que no es su marido, entonces el rey puede hacerla apresar, y habiéndola reducido a esclavitud a causa de su delito, colocarla en su harén. O bien el rey ordenará a su embajador que busque querella al marido de la mujer que él desea, y aprisionará a ésta como a la mujer de un enemigo del rey, para colocarla en seguida en el harén.

Aquí acaban los medios de ganar secretamente a las esposas ajenas.

Los medios arriba mencionados de ganar las esposas de otros se practican generalmente en los palacios de los reyes. Pero un rey no debe penetrar jamás en el domicilio de otra persona, porque Abhira, rey de los Kottas, fue muerto por un lavandero cuando se hallaba en una casa extraña, y Jayasana, rey de los Kashis, fue asesinado en parecida ocasión por orden de sus caballeros.

Pero, siguiendo las costumbres de algunos países, los reyes tienen ciertas facilidades de hacer el amor a las mujeres de otros hombres. Así, en el país de los andras, las recién casadas suelen presentarse en el harén del rey, con presentes, al décimo día de la boda, y después de haber sido poseídas por el rey son despedidas. En el país de los vatsagulmas, las mujeres de los primeros ministros van en busca del rey por la noche y se ponen a su servicio. En el país de los vaidharbas, las bellas mujeres de los indígenas pasan un mes en el harén del rey, con el pretexto de sentir por él gran afecto. En el país de las aparatakas, los ciudadanos envían como presentes a sus bellas esposas a los ministros y al rey. En fin, en el país de saurashtras, las mujeres de la ciudad y del campo van al harén real para el placer del rey, ya sea juntas, ya separadamente.

Hay también sobre este tema dos versículos; he aquí su texto: "Los procedimientos aquí descritos, y otros semejantes, son los empleados por el rey con respecto a las esposas ajenas. Pero un rey que está preocupado por el bienestar de su pueblo no debe en ningún caso ponerlos en práctica".

Las esposas del rey y sus secretos

Las mujeres del harén real no pueden ver a ningún hombre, ni encontrarse con él, tan estrictamente guardadas están; y sus deseos, desde luego, no estarían satisfechos siendo su único marido común a tantas otras. Por esta razón, se dan entre ellas placer de diversas maneras, como aquí va a decirse:

Visten de hombre a las hijas de sus nodrizas, o a sus amigas, o a sus servidoras, y cumplen entonces su objeto por medio de bulbos, raíces o frutos que tienen la forma del lingam; o bien se acuestan sobre una estatua cuyo lingam es visible y en erección.

Ciertos reyes compasivos toman o se aplican medicamentos que les permiten gozar de muchas mujeres en la misma noche, aunque quizá no lo hagan por placer sino por consideración a las mujeres. Otros gozan sólo con aquellas de sus mujeres que tienen sus preferencias; otros, en fin, toman a cada una de sus esposas por turno y regularmente. Tales son los medios de goce que prevalecen en las comarcas orientales, y lo que se ha dicho del placer de la mujer es también aplicable al hombre.

Sin embargo, por la mediación de sus servidores, las mujeres del serrallo real reciben frecuentemente en sus departamentos a hombres disfrazados de mujeres. Las domésticas y las hijas de sus nodrizas, que están al tanto de las intimidades del lugar, tienen por misión invitar a hombres a penetrar así en el harén, hablándoles de la buena fortuna que les aguarda, de las facilidades de entrada y salida, de la gran extensión del palacio, de la negligencia de los centinelas y de la condescendencia de los vigilantes para con las esposas reales. Pero estas mujeres no deberán jamás, por medio de mentiras, decidir a un hombre a entrar en el harén, pues podrían hacerle perder la vida.

En cuanto al hombre mismo, hará mejor en renunciar a entrar en el harén, por fácil que sea el acceso, a causa de los numerosos peligros a que se verá expuesto. Si, no obstante, se decide a entrar, debe asegurarse primero de si existe una salida fácil, si el lugar está por todas partes rodeado por el jardín de recreo, si hay diferentes compartimentos que se comunican, si los centinelas son descuidados, si el rey está ausente, y entonces, en el momento en que las mujeres del harén le hagan señas, observará cuidadosamente los lugares y entrará por el camino que le sea indicado. Se mostrará amable con cualquier pretexto con los centinelas y con las sirvientas del serrallo que puedan conocer sus intenciones, y a las cuales expresará su pesar al no poder todavía alcanzar el fin de sus deseos. En fin, dejará todo el oficio a la mujer que tenga acceso al harén y se aplicará a estar atento a los emisarios del rey.

Si no hay mediadora que tenga entrada al serrallo, el hombre, entonces, se apostará en algún lugar desde donde pueda ver a la mujer que ama y que desea poseer.

Si ese lugar está ocupado por los centinelas del rey, se disfrazará de servidora de la mujer que suele pasar por dicho lugar. Cuando ésta lo mire le hará conocer sus sentimientos por signos y gestos, y le mostrará pinturas, objetos de doble sentido, rosarios con flores, anillos. Se fijará cuidadosamente en la respuesta que ella le dé, por palabras o signos o gestos, y probará entonces a penetrar en el harén. Si es cierto que ella debe concurrir a algún lugar en particular, él se ocultará, y en el momento preciso entrará con ella, mezclado entre los guardias. Puede también ir y venir, escondido en una cama replegada, o en una cobertura del lecho, o, mejor aun, se volverá el cuerpo invisible por medio de aplicaciones exteriores, como aquella cuya receta anotamos:

Quemen juntos, sin dejar que se vaya el humo, el corazón de un icheumon, el fruto de la calabaza larga tumbi y los ojos de una serpiente; muelan las cenizas y mézclenlas con igual cantidad de agua. Poniéndose sobre los ojos esta mixtura un hombre puede ir y venir sin ser visto. Hay otros medios de invisibilidad prescritos por los brahmanes de Duyuna y los Jogashiras.

Un hombre puede también entrar en el harén durante el festival de la octava luna, en el mes de Nargashiraka, y durante los festivales de claro de luna, cuando los vigilantes del harén están muy ocupados o en la fiesta.

He aquí, sobre este punto, los principios puestos en regla: La entrada de jóvenes en el harén, y su salida, tienen generalmente lugar cuando se introducen objetos en el palacio o cuando se sacan de él, o cuando hay fiestas de beber, o cuando los vigilantes están recargados de trabajo, o cuando una de las esposas reales cambia de residencia, o cuando las mujeres del rey van a los jardines o a las ferias, o cuando regresan al palacio, o, en fin, cuando el rey está ausente por una larga peregrinación. Las mujeres del harén real conocen las unas los secretos de las otras, y no teniendo más que un solo objeto en vista, se prestan mutuamente asistencia. Un joven que las posee a todas, y que les es común a todas, puede continuar holgándose con ellas tan largo tiempo como el tiempo en que la aventura permanezca secreta y no trascienda al exterior.

Ahora bien, en el país de los aparatakas, las esposas del rey no están muy guardadas, y muchos jóvenes entran en el harén por medio de mujeres que tienen acceso al palacio real. Las mujeres del rey de Ahira tienen relaciones con los centinelas del harén, que se llaman khstriyas. Las esposas del rey, en el país de los vatsagulmas hacen entrar en el harén, al mismo tiempo que a sus mensajeras, a los hombres que les convienen. En el país de los vaidarbhas, los hijos de esposas del rey entran en el serrallo a su voluntad y gozan de las mujeres, a excepción de sus propias madres. En el Stri-rajya, las mujeres del rey se abandonan a sus compañeros de casta y a sus parientes. En el Ganda, las mujeres del rey están a disposición de los brahmanes, de sus amigos, de sus domésticos y de sus esclavos. En el Samdhava, los domésticos, los hermanos de leche y otras personas, gozan del mismo modo a las mujeres del harén. En el país de los haimavatas, ciudadanos aventureros corrompen a los centinelas y penetran en el harén. En el país de los vanyas y de los kalmyas, los brahmanes, sabiéndolo el rey, entran en el harén con el pretexto de dar flores a las mujeres, conversan con ellas detrás de una cortina y llegan pronto a poseerlas. En fin, las mujeres del harén del rey de los prachyas tienen oculto en el harén a un joven, por cada serie de nueve o diez esposas.

Así hacen las esposas ajenas.

Por estas razones, cada marido debe vigilar a su mujer. Los viejos autores dicen que un rey debe escoger para centinelas de su serrallo a hombres bien conocidos por no tener deseos carnales. Pero estos hombres, aunque exentos de deseos carnales, pueden, por temor o avaricia, introducir a otras personas en el harén, lo que hace decir a Gonikapura que los reyes deben colocar en el harén a hombres al abrigo de deseos carnales, de miedo y de avaricia. En fin, Vatsyayana observa que pueden dejar entrar a los hombres bajo la influencia de Dharma y, en consecuencia, es preciso elegir guardianes igualmente inaccesibles a los deseos carnales, al terror, a la avaricia y a Dharma.

Los discípulos de Babhravya opinan que un esposo debe hacer que su esposa trabe amistad con otra, la cual le llevará los secretos de la vecindad y le informará sobre la castidad de su mujer. Pero Vatsyayana replica que personas mal intencionadas influyen siempre sobre las mujeres, y que un marido no debe exponer a su inocente esposa a que se corrompa en la compañía de una falsa.

La castidad de una mujer se pierde por una de las causas que siguen:

Frecuentación asidua de sociedades y compañías
Ausencia de moderación
Libertinaje del marido
Falta de precauciones en su trato con otros hombres
Ausencias frecuentes y prolongadas del esposo
Estancia en tierra extraña
Destrucción, por su marido, de su amor y de su delicadeza de sentimientos
Trato con mujeres disolutas
Celos del marido

Hay también algunos versículos sobre el tema; he aquí el texto: "Un hombre hábil, que ha aprendido en los Shastra los medios de seducir a las esposas de otros, no es jamás engañado en el caso de sus propias mujeres. Nadie, no obstante, debe hacer uso de esos medios para seducir a las esposas de otros, porque no acertarán siempre y, además, ocasionan con frecuencia los desastres y la destrucción de Dharama y Artha. Este libro, cuyo bien es el bienestar de los ciudadanos, y que les enseña los medios de guardar a sus propias mujeres, no debe servir sencillamente de guía para corromper a las esposas de otros".

Séptima parte

Invocación

Cerca del final, Kama, esta obra aún no se ha cerrado y debo, por última vez, recurrir a ti.

¿Qué podría decir jamás, sin tu inspiración soberana, sobre lo que debo exponer aun con respecto a las cortesanas?

Porque ellas son la sal de la sociedad y las guardianas del fuego sagrado del deseo, sin el cual el mundo desaparece.

Ellas son las amorosas del oficio, para quienes el placer es la vida misma, y es poseyéndolas como un hombre puede santificarse

Kama, inspira mis palabras honestas y amantes sobre las sacerdotisas de tu culto. Haz también que el autor de este poema encuentre la mejor recompensa por su obra en los brazos de una cortesana amante y hábil.

Las cortesanas

I

Las cortesanas se procuran, con un solo acto, el placer y el medio de vida. Sin embargo, es preciso, tratándose de este tema, hacer las aclaraciones necesarias. El amor es gratis. La cortesana no hará más que aceptar y jamás exigir dinero de aquel a quien ella ama de verdad. Pero debe conducirse siempre como si amara, aun con aquellos por los que su sentimiento es forzado. Así, el amor y el provecho estarán separados en su alma, aunque en su vida estén unidos.

Las cortesanas deben ser seductoras y conocer a fondo los secretos de la voluptuosidad. Su arte reside en que deben mostrarse igualmente capaces de proporcionar placer, tanto al que aman como al que no aman. Y así, con el primero, el goce será compartido, con el otro deben ser también excitantes como si gozaran con el placer que provocan.

Si realizan las cosas así, las cortesanas son dignas del nombre divino con que se las designa.

La cortesana puede habitar en un palacio, cerca de un rey, de un ministro, de un extranjero rico, de un comerciante poderoso o bien vivir sola. Puede vender a alto precio sus favores y reservarlos para un pequeño número de amigos, o repartirlos a todos los que se los solicitan. De ahí la gran variedad de cortesanas, cosa que hace difícil hablar con exactitud del medio en donde ellas viven y las ventajas materiales de que disponen.

Pero hablaremos de la cortesana de las ciudades, que observa a los paseantes y elige entre quienes la miran con deseo. Es esta la cortesana que encontramos de norte a sur de nuestro país y que representa el tipo humano más noble, más simple y más estimado de cortesana.

Bien vestida y con adornos, debe estar a la puerta de su casa, dejándose admirar. Trabará amistad con estas o aquellas personas que la pudieran ayudar a complicar a los hombres con otras mujeres, y tendrá protectores o amigos a quienes dará dinero para las compras, o pedirá consejos para evitar los insultos y los malos tratos de quienes la rechazan.

Sus protectores naturales son:

La policía
Los oficiales de justicia
Los astrólogos
Los pobres que ha favorecido
Los sabios
Los profesores de las sesenta y cuatro artes
Los confidentes
Los parientes
Los actores
Las floristas
Los perfumistas
Los vendedores de bebidas espirituosas
Los lavanderos
Los barberos
Los mendigos

Estos son los que le son útiles. He aquí aquellos en los que la cortesana debe buscar afecto:

Los rentistas
Los jóvenes

171

Los hombres libres de todo lazo
Los oficiales del rey
Los hombres fácilmente enriquecidos
Los hombres que tienen fuentes seguras de rentas
Los que se creen seductores
Los vanidosos
Los eunucos que simulan ser hombres
Los que detestan a sus iguales
Los hombres generosos
Los consejeros del rey
Los hombres felices
Los valientes
Los que están disgustados con su familia
Los que están vigilados por los de su misma casta
Los hijos de ricos
El asceta turbado por el deseo
Los héroes
Los médicos del rey
Aquellos conocidos por ser útiles

La cortesana frecuentará, por amor y sin pedirles dinero, a:

Los nobles
Los poetas
Los abogados
Los artistas
Los que son enérgicos, creyentes, liberales, que aman el mundo, son robustos, sabios en amor, amantes de las mujeres y, en fin, libres de toda sospecha.

La cortesana, por su parte, ha de ser:

Bella
Amable

Tener signos personales de buen augurio
De espíritu firme
Juguetona
Con gusto por la riqueza
Dotada de experiencia
Sin avaricia
Amante de las artes y de la sociedad

Dispondrá de virtudes indispensables a todas las mujeres, a saber:

Inteligencia
Buen carácter
Diplomacia
Buena conducta
Carácter agradecido
Reconocimiento
Clarividencia
Actividad
Buena presencia
Tendrá conocimiento de los lugares y tiempos correspondientes a cada cosa
Lenguaje correcto
Conocimiento de Kama
Habilidad amorosa

Ella no deberá ser:

Ni mentirosa
Ni colérica
Ni avara
Ni tonta
Ni fría
Ni envidiosa

Las cortesanas tienen la obligación de evitar el contacto con los siguientes hombres:

Los enfermos
Los débiles
Los que tienen úlceras
Las personas de mal aliento
Los que aman a su mujer
Los brutales
Los desconfiados
Los avaros
Los malvados
Los ladrones
Los pretenciosos
Los magos
Los cínicos
Los corrompidos
Los pudibundos

Los viejos autores atribuyen a las cortesanas móviles buenos y malos, pero nosotros consideramos que sus actos son también sanos, justos, útiles, como los de todo el mundo. No se le puede reprochar a la cortesana, por ejemplo, el deseo por la fortuna, el gusto por el bienestar y su disposición por el amor, que no tiene nada de deshonroso.

Una cortesana puede recurrir a la fuerza y a todas las cualidades de su amante, pero no a su dinero, si realmente lo ama.

En fin, antes de acordar los favores de su lecho, la cortesana debe recurrir a la ayuda de todos los que le prestan servicio y obtener información sobre la casta, la salud, la disposición de aquel que la desea.

Si los informes son favorables, un confidente (*pithamarda*) o bien alguien bien conocido, llevará al hombre a casa de ella con la excusa de una riña de gallos o de codornices, o bien conducirá a la mujer a casa del hombre. Ella se esforzará por serle agradable y le contará historias o leyendas. Poco a poco lo irá atrayendo con los medios que le inspirarán su femineidad.

El poeta dice: La cortesana, en presencia de un enamorado, le ofrecerá una mezcla de hojas y nueces de betel. Lo coronará de flores y lo untará de perfumes, pues pasará largo tiempo con él. Podrá también hacerle algún obsequio y le mostrará su habilidad en los ejercicios amorosos.

Después que él la haya amado, seguirá mostrándose amable por sus dones amistosas y le contará nuevas historias, pero sobre todo redoblará la variedad de los procedimientos del placer sexual.

Una vez que la cortesana se convierte en la amante oficial de un hombre y vive con él, deberá volverse casta y digna.

Su oficio consiste en atraer al hombre por el placer que le proporciona, pero no debe, bajo ningún pretexto, amarlo.

Para obtener el dinero hará intervenir ante su amante a una vieja nodriza o madre. Ésta simulará a cada momento querer separar a los amantes y mantendrá al hombre en el miedo a perder los favores del placer.

Se mostrará hábil con el que la posea, y sin dejárselo saber, con habilidad y tacto, averiguará sus gustos sexuales a fin de satisfacerlo, y luego hará como si hubiera sido él quien le ha revelado todos los secretos del amor. Su atención estará concentrada en todos los actos y en todas las palabras del hombre. Si está triste, ella se mostrará triste, alegre si él está alegre, soñadora si el medita, y juguetona si está embriagado.

La cortesana querrá a los amigos del hombre y odiará a sus enemigos, y si él la posee manifestará un profundo deseo de tener un hijo suyo. En fin, si el hombre deja el país, la cortesana se afligirá y prometerá esperarlo, y morir si él muere.

Para concluir, en todos los detalles de su vida, acomodará sus actos y sus palabras a los gustos de su amante, de tal suerte que él creerá escuchar un perpetuo eco.

II

Un hombre ama más vivamente a una mujer cuando no sospecha jamás de ella, cuando cree que es el único que cuenta en su corazón y cuando no se siente obligado a juzgar sobre algo si no ha sido puesto sobre aviso.

Cuando una mujer ha logrado realizar esta forma de unión, es más estimada que si poseyera las riquezas de su amante, pero, por supuesto, las reglas dictadas por nosotros deben ser modificadas según la naturaleza de cada individuo, según las costumbres de cada país y según las circunstancias.

La cortesana obtendrá dinero de su amante recurriendo a artificios o naturalmente. No es inmoral que una cortesana recurra al uso de artificios.

Los artificios pueden ser clasificados así:

Le pedirá dinero para comprarse cosas y no las comprará.
Le hablará la inteligencia superior del amante.
Pretenderá tener que hacer obsequios.
Dirá que le han robado sus alhajas.
Afirmará que ha perdido su propiedad.
Le hará creer que ha perdido los adornos de su amante.
Le hará saber los gastos que le ocasiona atenderlo.
Contraerá deudas a nombre de su amante.
Rehusará hacer visitas con el pretexto de haber recibido de sus amigos ricos presentes y no poder retribuirlos.

Faltará a importantes ceremonias con el pretexto de no tener dinero.

Pretenderá haber ayudado a sus amigos.

Observará los ritos domésticos.

Dirá que debe pagar los gastos de boda del hijo de su mejor amiga.

Habrá que satisfacer antojos durante su embarazo.

Se fingirá enferma.

Querrá sacar a un amigo de apuros.

Venderá algunas de sus joyas para hacer un obsequio al amante.

Manifestará que está obligada a vender sus muebles.

Deberá renovar su batería de cocina.

Hará que sus amigos y domésticos recuerden las primeras generosidades de su amante.

Hablará con envidia de la fortuna de otras cortesanas, rechazará las proposiciones de su madre referidas a amantes más ricos que el actual.

Hablará a su amante de los que son más generosos que él.

La cortesana deberá estar atenta a los estados de ánimo del amante para advertir si su conducta se enfría, lo que se manifiesta así:

Da a la mujer menos dinero del que le es indispensable

No hace sino prometer

No satisface sus deseos

Conversa misteriosamente con los servidores

Pasa la noche en otro lugar con diversos pretextos

Habla muy seguido de otras mujeres

Cuando la cortesana advierte el enfriamiento de su amante, debe entregar lo más valioso que posee en manos de un falso acreedor, a fin de ponerse a cubierto. Una vez hecho esto, esperará los acontecimientos sin manifestar ningún cambio en su conducta hacia él.

Esto, si el amante es rico, pero si es pobre se desembarazará de él sin explicaciones.

Estos son los medios para desligarse de un hombre:

Se mostrará disgustada por sus costumbres
Hablará de cosas que él ignora
Lo criticará
Abatirá su orgullo
Buscará la compañía de hombres superiores a él
Lo desdeñará públicamente
Despreciará a los hombres que se le parezcan
Expresará su desagrado por las formas de goce que a él le agradan
Le rehusará su boca
Le rehusará la parte media del cuerpo
Mostrará disgusto por sus mordeduras y arañazos
Rechazará sus besos
Permanecerá inmóvil durante el amor
Querrá que goce de ella cuando está cansado
Se reirá de su afecto
No responderá a sus abrazos
Tendrá siempre sueño en la cama
Se irá cuando él quiera quedarse junto a ella
Afectará no comprenderlo
Reirá delante de él sin motivo
Hará ruido can las palmas de las manos cuando él hable
Lo interrumpirá sin delicadeza
Hablará por todos lados de los vicios del hombre
Comentará con sus sirvientes cosas calculadas para herirlo
No lo mirará cuando él entre
Le pedirá cosas que él no pueda darle
Lo echará de su presencia

III

Cuando una cortesana abandona a su amante, debe buscar inmediatamente otro hombre. Lo más fácil es intentar reconquistar a un antiguo amante.

Pero deberá reflexionar antes de intentarlo, pues tendrá muchos inconvenientes si el hombre vive ahora con otra mujer.

Este antiguo amante puede encontrarse en una de estas seis condiciones:

Puede haber dejado a la primera mujer por su propio deseo, y aun haber dejado a otra después.

Puede haber sido despedido al mismo tiempo por las dos mujeres.

Puede haber dejado a una de las dos mujeres y haber sido desechado por la otra.

Puede vivir todavía con la segunda y volver a ver a la otra.

Puede haber abandonado a una de las mujeres y estar con otra.

Puede haber sido rechazado por una y estar con otra.

Si ha abandonado a las dos mujeres, hay pocas esperanzas de reconquistarlo.

Si ha sido rechazado por la segunda después de haberlo sido por la primera, ésta podrá seducirlo todavía.

Si ha rechazado a la primera, habiendo sido él mismo desechado por la otra, el amante es todavía recuperable.

Al mismo tiempo, si vive con la segunda, significa que la primera carece de las cualidades que desea.

Si el hombre ha sido rechazado por la mujer que ahora intenta reconquistarlo, todo depende del afecto que conserve por ella. Hay que cuidarse de que no vuelva a aceptarla sólo por el deseo de vengar su primer desdén. En fin, si la cortesana lo busca luego de haberlo rechazado, hará bien en sondear su ánimo antes de insinuarse.

Dirá a su amante que lo había rechazado por influencia de su madre, pero que lo amó y lo sigue amando.

Sin embargo, somos partidarios de que una cortesana que ha abandonado a su amante aún por pocos meses, busque uno nuevo en lugar de intentar reconquistar al antiguo, ya que éste, si le había dado antes mucho dinero, será ahora menos generoso, y si es ahora rico, será rencoroso.

La ganancia de las cortesanas

I

Si una cortesana puede ganar mucho dinero atendiendo a una numerosa clientela, no debe limitarse a un solo amante.

Se hará pagar la noche después de haber evaluado el lugar, la estación, la fortuna aparente, el rostro, las circunstancias y otros elementos. Tendrá en cuenta que el precio esté a la altura de otras cortesanas de su rango; e informará a la mayor cantidad de gente posible de cuál es su tarifa.

Los viejos autores dicen que de todos los amantes, el mejor es aquél que puede dar oro, porque el oro permite enseguida todos los cambios y con él se puede procurar todo lo que uno desea.

En el caso de que haya dos amantes en juego, hay que esforzarse en obtener de cada uno de ellos lo que le falta al otro. La decisión habrá de tomarse con el consejo de una amiga experta. En el caso en que uno de ellos sea más cariñoso y el otro más rico o generoso, es difícil la elección.

180

Estamos todos de acuerdo en que el más cariñoso, si es rico, puede transformarse en generoso. Un avaro puede hacerse gastador, pero un hombre rico que no ama no se hará cariñoso.

Si en el caso de dos amantes, uno es pródigo y el otro listo a prestar servicios, creemos que es preferible el pródigo. Éste olvida lo que da, pero el que presta servicios cree que uno está obligado siempre a devolvérselos. Sin embargo, entre un amante servicial y uno generoso, a la inversa de lo que piensan los viejos autores, preferimos al servicial. Ocurre muy frecuentemente, en efecto, que el generoso es pobre de corazón.

II

Una cortesana, en la disyuntiva de servir a un amigo o ganar dinero, debe pensar primero en la amistad. Si él se lo agradece, valdrá mucho más que lo que le hubiera reportado el dinero.

En realidad, hay muchísimas posibilidades de arreglo, y la vida es más fluida que las palabras. Bien se puede, generalmente, satisfacer a uno y a otro.

III

Las ganancias de las cortesanas de alta casta sirven para costear obras sanas y piadosas. He aquí las principales dispensas que se deberán hacer:

Construir templos
Edificar estanques
Construir jardines

Ofrecer vacas a los brahmanes
Practicar el culto de los dioses
Celebrar fiestas en nombre de los dioses
Hacer votos y pagarlos

Las ganancias de las cortesanas comunes serán utilizadas en:

Poseer un vestido blanco para cada día
Nutrirse y beber sanamente
Masticar cada día hojas de betel
Adquirir adornos bordados en oro

Cuando una cortesana quiera retener a un hombre o pretenda separarlo de otra mujer, si juzga que la relación con él le será provechosa, si se siente atraída por él, o si él puede hacerle un gran servicio, en todos estos casos sólo le pedirá una pequeña cantidad de dinero.

Si un amante está por perder su posición; si ha disipado su fortuna; si es de humor voluble; si tiene intenciones de abandonar a su dama; en todos estos casos se justifica que se le pida lo más rápido posible la mayor cantidad de dinero.

Por otra parte, si el hombre está a punto de heredar, o si está en vista de conseguir el favor del rey, o si debe recibir bellos presentes, o si espera un navío cargado de mercaderías; o si posee depósitos de mercaderías que escaseen en todas partes; en estos casos, la mujer debe esperar que él reconozca sus gentilezas y el hecho de que viva a su lado como la más púdica de las mujeres casadas.

IV

Los viejos autores dicen que las cortesanas deben evitar a

aquellos que han hecho fortuna después de pasar miserias, y a los que el favor del rey vuelve duros y egoístas.

Le será más útil unirse con personas enérgicas y buenas que saben reconocer siempre un servicio, por muy pequeño que sea.

V

Hay cortesanas que se sienten desoladas porque ganan menos de lo que han esperado. Es necesario explicar las pérdidas en cuestión. Se deben a estas circunstancias:

Debilidad de inteligencia
Amor excesivo
Exceso de orgullo
Exceso de egoísmo
Exceso de simplicidad
Exceso de confianza
Exceso de cólera
Pereza
Apatía
Mal genio
Circunstancias accidentales

Estas pérdidas tienen por resultado:

Gastos inútiles
Pérdida de bienestar
Pérdida de ganancias que se iban a realizar
Carácter agriado
Misantropía
Salud alterada
Cabellos perdidos y otras miserias

Ahora bien, las ganancias pueden ser de tres clases:

Ganancia de fortuna
Ganancia de méritos religiosos
Ganancia de placer

Y la pérdida es lo contrario de estas tres ganancias. Es posible determinar, según esta jerarquía, las ganancias aparentes que, en realidad, constituyen pérdidas. De la misma manera, ciertas pérdidas anuncian ganancias. Es la suerte de los hombres, en la que nada es absoluto y definitivo. Ocurre muy frecuentemente que la suma de contradicciones hagan difícil una determinación.

Pero justamente por esto, los viejos autores establecen la teoría de la duda, que puede ser simple, doble, mixta.

VI

En este tema, los ejemplos permitirán comprender el fondo de las dudas.

Así, una cortesana cuando comienza a vivir con un hombre, puede sentirse insegura con respecto a su generosidad.

Es la duda de la fortuna.

Si la cortesana ha tomado toda la fortuna de su amante y se pregunta si es justo rechazarla, son dudas de carácter religioso.

En fin, cuando una cortesana duda entre un hombre digno o un simple *cornac* y no sabe cuál de ellos le dará más placer, se trata de una duda sobre el placer.

Babhravya ha descrito largamente las ganancias y las pérdidas posibles para todos los casos y todas las circunstancias de la vida de las cortesanas, pero sus reflexiones, aunque tenidas en cuenta, no pueden considerar todas las alternativas de la verdad, y es por esto por lo que no las repetimos. Lo cierto es que la cortesana debe tener en cuenta el mérito religioso de sus actos, cuyo fin principal es siempre ganar dinero. No debe soñar primero en el placer, porque sus ganancias disminuirán, con lo cual también perderá la suerte de reencarnarse —al dejar esta existencia— en una princesa noble o en un brahmán.

Procedimientos y maniobras de las cortesanas

I

El objetivo de las cortesanas es ganar dinero y encontrar placer al mismo tiempo. Por esto hemos explicado los medios que emplean, las acciones y los cálculos de que echarán mano, tanto para seducir como para mantener a un amante.

Pero es preciso tener en cuenta que el acto esencial de la vida de las cortesanas es el acto de amor. Es sobre todo por este acto que los hombres gustan de vivir con las cortesanas.

Por eso mismo, ellas deben actuar aun en detrimento de su propio placer, ya que su función es la de darlo al hombre.

¿Cómo puede una cortesana proporcionar variedad y novedad en la práctica del acto de amor? El tema ha sido estudiado por muchos viejos autores. Afirman que la cortesana debe conocer todos los procedimientos del goce, y esto, por supuesto, es indispensable. Pero los hombres no sienten agrado por todos los acoplamientos. Generalmente no aprecian más que un número limitado de métodos de unión.

Cuando una cortesana conoce exactamente los gustos y deseos de su amante, debe cuidar de aportar, según las circunstancias, toda la variación de que el acto sea susceptible. Es así que los movimientos de la mujer, en cualquiera de las posiciones que hemos estudiado, pueden ser:

Rápidos
Lentos
Brutales
Acariciantes
Remontantes
Descendentes
Transversales
Circulares
Totales

El movimiento es *rápido* cuando las idas y venidas del lingam en el yoni son extremadamente activas. Es el amor que más gusta a los jóvenes.

El movimiento *lento* es exactamente el contrario del anterior.

Se llama movimiento *brutal* cuando la mujer acompaña el ritmo con un choque regular que gusta mucho a las mujeres de Palibotra.

El movimiento es *acariciante* cuando la mujer evita los choques y mantiene un ritmo sin sacudidas.

Es un movimiento *remontante* cuando la acción parte de las piernas, y *descendente* cuando parte de la espalda. En el primer caso, la mujer alcanza en seguida el placer. En el segundo, es el hombre quien goza primero.

El movimiento *transversal* es el que se realiza por la oscilación y balanceo de las caderas. Sólo una larga práctica logra alcanzar la perfección en este tipo de movimiento.

El movimiento *circular,* más difícil todavía, exige un

aprendizaje desde muy tierna edad, porque sólo la experimentación durante muchos años permite practicarlo bien.

El movimiento es *total* cuando la mujer, cegada por la pasión, deja de moverse según un ritmo. Todo su cuerpo se estremece y contonea. Es la mayor muestra de amor que se conoce.

La cortesana también practica la acción inmóvil. En este caso, sin moverse, se contenta con cerrar y abrir su yoni sobre el lingam de su amante. Este procedimiento no es practicado por todas las mujeres y se cuenta que se ha llegado a vender por gruesas sumas de dinero a las esclavas que poseían el secreto de la acción inmóvil.

II

Pero hay también métodos de dar placer al amante por el empleo de ungüentos perfumados y excitantes, o por la ingestión de bebidas especiales. La leche azucarada mezclada con raíz de utchata y pimienta excita la pasión del macho.

También, un testículo de carnero o macho cabrío, hervido en leche azucarada, produce vigor.

El mismo efecto se produce con el jugo del *hedysarum gangeticum* de Kmli y de Kshirika.

El grano de pimienta larga con el de *sanseviera burghiana* y de *hedysarum gangeticum* molidos juntos y hervidos en leche, son un maravilloso excitante.

Más fuerte es todavía el jarabe hecho con granos y raíces de *trapa bispinosa* de *Kasurika* de jazmín, de regaliz y de *Kshikarapoli* todos unidos y hervidos en leche azucarada y manteca fundida. El jarabe debe ser bebido caliente. La manteca, el azúcar y el regaliz, mezclados con el jugo de hinojo y leche, son afrodisíacos y preservadores de la salud.

Hay otras recetas todavía. Así, la raíz de Rui en aceite de sésamo, aplicada sobre la planta de los pies, hace el gozo más lento y agradable.

Las cortezas de Shishu y de alcanfor, aplicadas en el ombligo, causan el mismo efecto.

Por satisfacer muchas veces a la mujer, el hombre puede hacer consumir el jugo de *Bhuya Ronali*, y mezclarlo con manteca, azúcar y miel. El producto obtenido es un gran excitante.

Y también, con manteca y miel, el polvo de tres *myrolavans*. El hombre que lo beba y se acueste al sol, podrá poseer a su amante veinte veces seguidas.

El *Kante Sherati* hervido en manteca con miel, da una gran fortaleza amorosa.

III

Pero hay que reconocer que el mejor de los remedios será incapaz de dar al dueño de un lingam blando y pequeño el vigor necesario para seducir a la mujer. Hay que usar, en estos casos, preparados especiales que engrosan el miembro viril.

La picadura de avispa da por un rato una dureza y grosor maravillosos al lingam, sobre todo si la picadura se ha hecho en el lugar apropiado.

Se puede asimismo colocar sobre el lingam un emplasto de pimienta, ají y de cáñamo hervido. El efecto que produce es magnífico, prolongando la duración de las copulaciones. La mirra mezclada al Manashil, al anís y al bórax, todo esto batido en aceite de sésamo, debe ser untado sobre el lingam. El efecto es inmediato y el miembro dobla de volumen.

La sal negra, las hojas de loto y de *bibva* molidas, luego puestas en remojo en el jugo del *solanum espinoso*, junto con excrementos de búfalo, dan al miembro el grosor de un mazo de arroz. El fruto del Dorli, la semilla y la corteza de granada con aceite de mostaza, untados sobre el lingam, logran en pocos minutos hacerlo mucho más grueso.

IV

De la misma manera que muchas veces es necesario engrosar el lingam por medios artificiales, puede también ser preciso estrechar el yoni. He aquí algunas recetas:

El loto amasado con leche e introducido en bolitas en el yoni hacen a la mujer tan estrecha como una virgen.

También la corteza del abeto triturada con cúrcuma del Daruhalad y flores de loto.

También, el grano triturado de Tal-Makhana. Se puede también aplicar las tres *myrobolans* machacadas con la flor de Zhavati, el corazón del manzano rosa y miel.

En fin, el fondo de olla obtenido al hervir corteza de *moh* mezclado con miel. Es un procedimiento mundialmente conocido.

V

Es igualmente necesario perfumar el yoni para hacer más agradables los besos íntimos y todas las caricias. He aquí algunas recetas: El aceite de Shutras y la flor del jazmín, hervidos juntos, perfuman y cauterizan. El álamo, el aceite de sésamo, la *Shegiva*, la corteza de granada, la flor de las lilas, la de *champak*, triturados juntos, perfuman deliciosamente el yoni.

Para restringir las menstruaciones se machacan en agua cortezas de *myrobolans* amarillos, de *myrobolans* secos y cortezas de *Nimamer*. El efecto se produce alrededor de las cinco horas. Para activar las menstruaciones tardías, se mezclan arroz, *durva*, madera de abeto, se hierve y se bebe con agua.

Los sabios recomiendan todas las recetas.

VI

Para hacer desarrollar los senos de las mujeres se recomiendan los frutos de Askhand, de Vekhand, de Rosth y de comino con clavo y raíz de adelfa. Se incorpora manteca derretida y con esta pasta se cubren los senos.

Para levantar los senos caídos se hace hervir corteza de la granada en aceite de mostaza. Los pechos tratados con este ungüento adquieren redondez y dureza, aun en las mujeres viejas.

VII

Para seducir a un hombre con encantamientos o hechicerías, las cortesanas usan a veces estos procedimientos:

Se hace macerar el Gorochana en la sangre menstrual y se la aplica sobre la frente. El hombre que pose sus ojos sobre este *Tilak* será siempre dominado por la cortesana.

Se puede también juntar benesta de Bambú, de Naga Keshar, del Manshila y del Korphard, triturarlos y utilizarlos a manera de colirio. Fascinará a quien mire los ojos así tratados.

Habilidad amorosa de las cortesanas

>━ ꞏ ◄♦► ꞏ ━◉━ ꞏ ◄♦► ꞏ ━◄

I

Las mujeres deben recurrir a diversos medios para estimular el deseo sexual del amante. Es sabido que el hábito embota el deseo del hombre, y también la necesidad o el hombre se ocupan de hacer crecer el apetito sexual de la cortesana. Ésta deberá despertar en su amante el deseo de poseerla por medio de prácticas diversas. Para esto se mostrará desnuda, llevando, sin embargo, velos transparentes sobre el yoni. Se perfumará el yoni de tal manera que al aproximarse a ella el hombre sienta el olor excitante del sexo mezclado con el perfume de plantas afrodisiacas. En síntesis, usará todos los medios cuya eficacia conoce ya por experiencia.

Pero el método más eficaz consiste en frotar delicadamente el lingam de su amante y por las caricias sobre todas las partes del órgano.

Si el hombre tiene un lingam muy pequeño, que desaliente el acto sexual, ella hará uso de *apadrvyas* de oro, de plata o de marfil, que colocará alrededor del lingam. Conocemos cinco clases de *apadravyas*:

El brazal
La pareja
El brazalete
El anillo
El tubo

El *brazal* es un cilindro del ancho de un dedo, con el

exterior sembrado de pequeñas asperezas. La *pareja* está formada por dos brazales. El *brazalete* consta de tres brazales. El *anillo* está formado por un solo aro de metal a través del cual se pasa el lingam. El tubo debe ser del largo del lingam que se debe introducir en él, y se ata a la cintura.

Estos objetos pueden ser usados con el lingam o en lugar de éste. Así las mujeres pueden, cuando no tienen amante, gozar con ayuda de estos aparatos. Las gentes de las comarcas meridionales creen que no hay ningún deleite sexual verdadero si el lingam no está perforado como las orejas de las mujeres.

Ahora bien, en todos los casos, la cortesana debe encontrar el medio de servir a su amante y satisfacer su deseo. Muy frecuentemente, cuando el yoni lo admite por su tamaño, se pueden introducir en él pequeños objetos acariciantes destinados al placer femenino. Lo cierto es que la mujer debe hacer creer siempre que todo cuanto ocurra durante el encuentro sexual le produce profundo placer.

II

Cuando la cortesana deba reducir o aumentar la capacidad de su yoni según el tamaño del lingam de su amante, deberá hacerse confeccionar un lingam artificial, en madera o en cobre, según el modelo del miembro del hombre con quien mantiene relaciones. Podrá así ejercitarse sola utilizando este objeto para practicar posturas. Estas prácticas, además de proporcionarle gran placer, le permitirán seguir ofreciendo a su amante un yoni perfectamente adaptado a su lingam. Cierto es que, aunque la cortesana deba simular muchas veces el placer, cierto es también que es mucho más feliz cuando lo siente realmente. El hombre aprecia que su amante manifieste durante el coito fuertes emociones y ardores voluptuosos. Por eso le es necesario a la mujer estudiar y ensayar los medios de alcanzar el goce. En algunos casos, la cortesana se mostrará a su amante completamente vestida. Obligará así al hombre a desvestirla, lo cual hará que la excitación de éste aumente a medida que vaya despojándola de la ropa.

III

Una vez poseída, la mujer debe mostrar su cabellera desordenada, simular un aire extraviado y hablar con voz ronca. Todas estas actitudes expresan pasión y el hombre se excita creyendo haber encendido de voluptuosidad a la que ama.

IV

Los viejos sabios han hecho el cálculo del número de movimientos que son necesarios para que un hombre ardiente y una mujer apasionada alcancen el placer. Han contado treinta y ocho para la mujer apasionada y ciento siete para la fría; cuarenta y nueve para el hombre ardiente, veintidós para el jovencito, y noventa y ocho para el hombre experto en el amor. Pero estas cifras varían según los movimientos sean rápidos o lentos, circulares o transversales, remontantes o descendentes.

Nosotros creemos que el placer debe ser retardado tanto como sea posible, y por lo tanto, el progreso en las técnicas amorosas ha hecho que los viejos cálculos no sean exactos para nuestra época. Sin embargo, parece acertado que veintidós movimientos rápidos son suficientes a un jovencito a quien no guía otro fin que el de satisfacer su deseo. Es necesario admitir que muchas veces una mujer muy experta puede realizar tres coitos sin que el lingam salga del yoni. Nos parece, después de haber hecho largos interrogatorios y conocer experiencias, que esta regla no está de acuerdo con nuestras costumbres y que es más agradable para los amantes que no pueden continuar la realización.

V

Los amantes de Sata-Desha emplean el *auparistkha*, o amor bucal, desde tiempos inmemoriales, como preparativo antes de la consumación del amor normal.

En este caso, el amante hace sobre el yoni de su dama todo lo que ha hecho en otros momentos sobre su boca, y la mujer hace lo mismo sobre el lingam. Esto no lleva demasiado tiempo, a fin de estar en condiciones de gustar de todas las voluptuosidades del coito.

Las cortesanas son muy adeptas a esta práctica, ya que no rechazan ninguna manifestación profunda de amor hacia su amante. Suele ocurrir que al abreviar así el placer del macho, muchas veces el coito no se llega a realizar. Suele decirse que el placer obtenido por este medio es peligroso para la salud, y los pueblos del Norte se abstienen de practicarlo.

Cuando una cortesana se dispone a cumplir el *auparishtaka*, debe primero besar el labio inferior del hombre, enseguida los ojos, después las mejillas, la boca y el ombligo.

Puede, según su gusto, actuar pasando solamente la lengua sobre las partes más sensibles del lingam. Estas partes están dispuestas en triángulo sobre la cara posterior y en una línea sobre la otra parte. Se las llama, respectivamente:

El tocar de Indra
Las dos palomas
El río sagrado

El *tocar de Indra* está situado sobre la vena gruesa del lingam y un poco debajo de las dos *palomas*, que están ubicadas a derecha y a izquierda del borde que limita la cabeza del lingam.

El *río sagrado* se encuentra en la ranura que separa las dos partes del lingam.

Se dice que son necesarios treinta besos en el río sagrado para dar placer a un hombre, veintiocho sobre el tocar de Indra, y treinta y nueve sobre las dos palomas.

La cortesana deberá retirarse al beso número veinte y completar la caricia del *auparishtakha* con el coito, según la postura y los métodos que más plazcan al amante.

Ocurre a veces que el hombre no se excita demasiado como para desear el coito sino cuando practica el *auparishtakha* sobre el yoni. Una cortesana muy hábil deberá —mientras su amante la acaricia de esta manera— gemir, gritar y friccionar, sin llegar a desplazar nunca su *jaghana*, pues esto disgustaría al hombre, contrario a seguir sus movimientos.

Vicios y defectos de las cortesanas

I

Las cortesanas se sienten con frecuencia atraídas por hombres despreciables y por ellos abandonan situaciones ventajosas, amantes generosos y viviendas lujosas. No vamos a enjuiciar estas pasiones, porque cada uno busca la suya y en ella encuentra alguna forma de felicidad. Sin embargo, es raro que estas mujeres no terminen finalmente por lamentar su locura.

El oficio de cortesana acarrea ciertos vicios de los cuales vamos a hablar. Para empezar, es muy frecuente que una mujer, cuya profesión es el amor, la practique tan seguido que llegue a resultarle desagradable ejercerla. En ese caso, tiende a convertirse en fría y sólo conoce esporádicos y fugaces momentos de excitación. Sin embargo, la cortesana no se resigna a no gozar, y esto la conduce a encontrar el placer en alguna práctica escondida y a la cual se hace secretamente adepta.

Es así que muchas cortesanas no gustan ser poseídas sino en conexiones muy bajas, es decir, por el ano. Disimulan con mucho cuidado esta inclinación y sólo se abandonan, para satisfacer el vicio, a los *cornacs* o a parias. Pero niegan esta práctica a los que le pagan.

II

Otras cortesanas no pueden alcanzar el placer sino en el coito con un jorobado, o con un soldado, o un hombre desfigurado por alguna tara que las excite. Se cita a una cortesana que se hacía poseer por un asno, y otra que se abandonaba a todos los leprosos sin temer al contagio.

La pasión de las cortesanas por los animales hace que a menudo resulte difícil y peligroso el nacimiento de los niños que puedan engendrar.

El cariño normal que se pueda tener por un perro se hace en las cortesanas obsesivo. De ahí a entregarse al animal que aman hay solo un paso.

Pero las mujeres conocidas por su gusto a dejarse cubrir por animales son despreciadas y deshonradas. No tienen ninguna esperanza de encontrar un esposo o amante afectuoso o generoso.

Cuando dos cortesanas se ven frecuentemente e intiman,

llegan a desear hacer el amor. En este caso se unen en el *auparishtakha* y obtienen de esta unión un gran placer.

Estos amores entre mujeres son frecuentes en los harenes y propiciados por los eunucos, quienes ven en ellos una manera de satisfacer un deseo que, en caso de volverse hacia los hombres, les crearía a ellos mismos grandes preocupaciones.

Cuando dos mujeres se aman, descubren medios de placer que no podemos describir en esta obra pues son despreciables y reprobables. Baste decir que llegan a apasionar de tal modo a algunas cortesanas que por satisfacerlos mueren de consunción. La mujer del rey de Nagara había tomado tal amor a una de sus servidoras que la tenía día y noche con la boca pegada a su yoni. Llegó un momento en que sus órganos sexuales, inflamados y heridos por esta pasión desmedida, la hicieron sufrir dolores intolerantes. El rey, para concederle una muerte en paz, debió permitir que durante los dos días de agonía que padeció, la servidora permaneciera junto a ella sin cesar de acariciar el yoni de la desventurada.

Por fortuna, vicios parecidos a este son raros. Se cita también a una cortesana que para gozar se servía de *apadravyas*. Uno de estos aparatos se rompió un día dentro de su yoni.

III

Es todavía más detestable el vicio que practican algunas mujeres que no encuentran satisfacción si no es usando falsos lingams.

Brischari, el poeta, recuerda a una cortesana cuyo vicio consistía en hacerse poseer simultáneamente por dos hombres. Los sabios deploran esta costumbre, pero nosotros encontramos un gran mérito religioso en este coito doble. Podría escribirse toda una obra para enumerar los vicios de las cortesanas, es decir los procedimientos que emplean, dado que su trabajo es el amor, para encontrar el amor. Pero estas cosas no son susceptibles de calcularse ni de ser clasificadas.

Tantas personas, tantos casos distintos.

Citemos, sin embargo, a aquellas que durante el goce pronuncian palabras inapropiadas que describen actos que no osan hacer con sus amantes. Son palabras sucias propias de las gentes de muy baja condición.

Hay también algunas que gustan de los malos olores, las que desean ser golpeadas antes del coito, las que se hacen cortaduras sobre los senos y en las nalgas, todo esto a riesgo de perder a sus amantes favoritos.

Otras detestan el acto en sí y se rehúsan a sus amantes. Satisfacen al hombre con la mano o la boca y luego reclaman el mismo servicio, pero suelen gozar solas y como si no tuvieran amantes.

Hay algunas que no gozan sino es en las piscinas o en el campo. Otras se hacen poseer por esclavos envenenados un rato antes y gozan con ellos, sabiendo que es el último contacto de los desdichados. Pero hay vicios menos mortales. Por ejemplo, la cortesana Psammetysa, de Lahore, no consentía en ser poseída sino por cuatro hombres colocados en fila; sólo el cuarto la satisfacía. Lormyal, antigua cortesana que llegó a ser reina de Travancore, sólo amaba a los eunucos que, pese a su impotencia, aún conservaban el miembro viril.

Pero nosotros nos detendremos en este recuerdo.

Kama Sutra, de Mallanaga
Vatsyayana, fue impreso en abril
de 2007, en Q Graphics, Oriente
249-C, núm. 126, C.P. 08500,
México, D.F.

12/14 ② 6/14
3/19 ⑤ 1/17